"Le persone povere lo sono e falliscono nella vita per un comportamento che hanno in comune: passano tutta la loro vita ad ASPETTARE".

- JACK MA, FONDATORE ALIBABA -

I0493224

VELOCE

SENZA CORRERE

Ottieni più Risultati nel tuo business senza rinunciare alla Libertà personale

DAVIDE RAMPOLDI

SOMMARIO

Prefazione

Perché hai bisogno dei consigli del "Sergente" Davide Rampoldi?

Perché lui ti mette in riga!

E, nell'ambito della gestione del tempo e della produttività, uno dei doni più grandi è essere rimessi in riga da **regole efficaci e funzionali**.

Ho conosciuto Davide molti anni fa, in uno dei miei corsi, faceva ancora il dipendente nel ramo informatico ma aveva ben chiaro il suo sogno (me lo venne a dichiarare durante una pausa): *"voglio diventare formatore e usare anche le mie competenze tecnologiche per aiutare le persone"*.

E' esattamente quello che ha fatto, con impegno, determinazione e tanto studio e sperimentazione. Sì, Davide è uno che sperimenta strategie, trucchi, tattiche sulla gestione del tempo e poi le mette gratuitamente a disposizione dei numerosi lettori del suo blog Temposuper.com, che lo apprezzano proprio per la sua generosità.

Quello che stai per leggere è un manuale che, oltre alla gestione del tempo, ti fa scoprire molte altre cose super utili, come le abitudini delle persone di successo, le azioni che fanno prima di andare a dormire le persone con risultati superiori e anche *"come scaricare con classe chi vuole prendere un caffè con te"* se sai che ti farà solo perdere tempo inutilmente. E c'è perfino l'utilissimo *"31 compiti da appioppiare subito alla tua nuova segretaria virtuale"*.

Credo fermamente che carpire i segreti della produttività e della gestione del tempo sia **una delle chiavi di una vita felice**. Perché una vita felice è una vita in cui si ha tempo per *"l'Essenziale"*, ovvero le persone e le attività che ci stanno più a cuore.

Altrimenti si rischia di fare come quelli che si sbattono per decine di anni da una riunione all'altra, da un viaggio all'altro, tra fine settimana di lavoro e serate al pc, per poi accorgersi che la vita gli è passata di fianco e loro l'hanno ignorata perché troppo occupati.

Meglio agire di anticipo e procurarsi il tempo che serve nel presente, per non avere grossi rimpianti nel futuro. E il libro di Davide è un grosso aiuto per realizzare questo importante obiettivo.

Max Formisano - www.maxformisano.it

Fondatore Max Formisano Training
Autore del best seller "Produttività 300% - Triplica i risultati e Goditi la vita"

INTRODUZIONE

Questa volta è tutta un'altra missione per il Sergente Istruttore.

L'avevamo lasciato nella puntata precedente alle prese con una classe di imprenditori e manager con gravi problemi nella gestione del tempo e l'organizzazione della loro giornata: troppe idee, troppo stress e pochi risultati.

Passo per passo avevano capito cosa era importante nella loro vita e business, identificato le attività critiche a cui dedicarsi e quelle da delegare o eliminare. Avevano infine compreso come uccidere i killer della produttività che insidiano in modo subdolo ogni risultato nelle aziende del nuovo millennio.

Per molti le strategie del Sergente hanno funzionato e ad alcuni giovani imprenditori hanno letteralmente cambiato la vita.

Ma questo non è bastato.

Perché là fuori la battaglia della produttività e dell'efficienza è senza mezze misure. Le insidie sono costanti e continue. I nemici diventano ogni giorno più forti e numerosi. Gli sforzi devono aumentare ma le energie rischiano di non bastare mai a chi deve guidare un'azienda al successo.

Anche quando sanno quello che vogliono e dove vogliono dirigersi, anche quando la strategia è chiara e le azioni ben definite, agli imprenditori spesso manca il tempo, la lucidità e la tranquillità per mettere in pratica ciò che è chiaro nella loro testa.

Sono strattonati continuamente da collaboratori poco autonomi (che però loro stessi hanno scelto), clienti sempre più esigenti e fornitori in perenne ritardo e che non sanno più cosa significhi "fare bene un lavoro".

Aprono una mail e se ne trovano altre 100 da gestire; vanno su Facebook per fare un po' di marketing e pubblicità alla loro azienda e vengono rapiti da video virali, link trappola, foto intriganti, richieste di amicizia e chat succhia-sangue.

Così finisce che quello che nella loro testa doveva durare "solo 2 minuti" ne porta via 20 e le giornate di 10 ore si riducono a sole 2 ore davvero utili, mentre il resto si sciupa in attività perditempo, inutili, assolutamente non pianificate e che inducono solo stress, nervosismo e poca lucidità.

Senza contare che la vita di un moderno leader non finisce in azienda ma prosegue a casa, con partner e figli che reclamano la sua presenza e sempre più a fatica accettano che il genitore si metta a lavorare dopo cena anziché dedicare del tempo di qualità anche a loro.

È davvero dura essere nel business oggi. Perché da una parte, se lavori poco (meno di quanto era "tollerato" fino a pochi anni fa) rischi di non farcela e che la tua azienda collassi, a volte prima ancora di decollare.

Dall'altra, se tiri troppo la corda con le persone che ti stanno vicine, rischi di avere rapporti (sia in privato che con i tuoi collaboratori) che si sfasciano e ti lasciano delle pesantissime eredità da gestire.

Infine c'è sempre la madre di tutti i rischi: la tua salute personale. Se infatti fino a qualche decennio fa gli imprenditori morivano di vecchiaia in azienda, oggi la faccenda è decisamente più complicata per chi sta in prima linea.

Lo stress è molto cresciuto, mentre la nostra capacità di affrontarlo e tenerlo a bada è rimasto quasi immutato. Ecco perché se sei un giovane professionista o manager è fondamentale riuscire a trovare il giusto bilanciamento tra la vita professionale e privata, tra lavoro, famiglia e tuoi interessi extra.

Ma, come dicevo prima, sapere quello che vuoi fare è inutile se poi non riesci a farlo... Devi imparare a scaricare a terra i tuoi cavalli da Formula1, altrimenti finisci solo per ingolfarti, slittare e morire di frustrazione (con tante splendide idee ma zero realizzate fino in fondo).

Ci sono infiniti modi e tecniche per passare dalla teoria alla pratica e **trasformare le idee in fatti concreti che pagano soldi reali** con i quali puoi permetterti viaggi e oggetti reali, non più solo visti su Google Maps, Booking o Amazon.

Tanti studenti hanno così lanciato il loro grido di dolore al Sergente: "ma *come posso fare X se non riesco a trovare il tempo per farlo?*"

E il Sergente si è messo in moto, nel modo più semplice ed efficace che conoscesse (perché è fondamentale essere sempre coerenti in quello che si insegna), in loro aiuto.

Ha chiamato a rapporto tutti gli articoli scritti nei primi due anni di blog, li ha passati in rassegna uno per uno, ha eliminato quelli che non superavano una rigida selezione e, infine, ha riunito un battaglione d'assalto con i migliori post in assoluto, veri campioni di immediatezza, praticità ed efficacia.

Ovviamente **non sono mancate le critiche degli invidiosi** (per fortuna sono quelli che parlano e basta, senza fare i fatti), una su tutte: "*perché pagare per un libro quando trovo le stesse informazioni su un blog gratuitamente?*".

Al che il Sergente ha risposto da vero leader zittendo gli insorti sul nascere:

- Chi di voi ha letto tutto il blog da cima a fondo… scagli la prima pietra
- Chi di voi lo ha letto in auto, in treno, a letto o perfino al cesso… scagli la seconda
- Chi di voi è riuscito a sottolinearlo, prendere appunti e passarlo a un amico imprenditore… scagli la terza pietra

Preparati dunque alla lettura di questo nuovo libro del Sergente Istruttore in cui ti svelerà i **modi più collaudati e statisticamente più affidabili per riuscire a fare quel primo pass**o che manca sempre più spesso.

Riuscire a liberare lo spazio nelle giornate così dense per quelle attività critiche, che segneranno la vera differenza tra il tuo successo e la mediocrità eterna, tra il godersi gli sforzi del duro lavoro sulle bianche spiagge dei caraibi o sulla poltrona consumata di una casa in periferia.

Questa è la missione che il Sergente ha spiegato nell'ultimo briefing al suo manipolo di valorosi pronti a partire per il fronte.

Se dunque ti stai chiedendo "*come posso sfruttare al massimo questo libro per riuscire a mettere davvero in pratica quello che cerco inutilmente di fare da anni?*" ecco quello che devi fare.

Il piano per te è diviso in 3 semplici parti:

1) **Abitudini** di successo o da evitare come la peste
2) **Strumenti** per delegare o produrre di più
3) Dose massiccia di **motivazione** per i momenti no

Parliamoci chiaro e guardiamo in faccia alla realtà. Quando mai avrai 10 ore filate per leggere un libro in santa pace? Non le hai per la tua attività principale... figuriamoci per un libro.

Quindi, ecco cosa ti consiglio **per ottenere il massimo e completare la missione** il prima possibile.

In funzione di dove, quando e per quanto tempo potrai leggere il libro, puoi decidere di seguirlo da cima a fondo, come un film di 007.

Oppure, soprattutto se hai già letto alcuni dei post su temposuper.com, usalo come il Manuale delle Giovani Marmotte o un libro di fai da te: un'esigenza – un capitolo. Per esempio:

- Cerchi un collaboratore e non sai come e dove sceglierlo? Vai al capitolo XX.
- Vuoi creare contenuti inediti per il tuo sito ma hai solo 15 minuti? Vai al capitolo YY.

Ora però basta chiacchiere. Muovi il culo e inizia a leggere perché il conto alla rovescia è iniziato e devi **correre a liberare la tua vita dai terroristi che l'hanno presa in ostaggio**... prima che sia troppo tardi...

Parte 1

ABITUDINI DI SUCCESSO

Scarica i BONUS di questo libro

www.velocesenzacorrere.it/bonus

8 trucchi per lavorare da casa senza impazzire

OK. So che mi prenderai per pazzo. Ma sappi che abbandonare l'ambiente di lavoro 9-5 a cui sei abituato **potrebbe rivelarsi una soluzione tragica.**

Certo, ora tu pensi solo ai lati positivi (e fai bene):

- zero tempi e spese di trasferta
- nessuno sclero in mezzo al traffico
- il collega di scrivania che non sopportavi… sparito

Non vedrai nemmeno quell'idiota del tuo capo, le tizie acide dell'amministrazione e **la centralinista gnocca** che ammiccava con tutti senza poi uscire con nessuno.

Eppure, per chiunque faccia il passaggio da impiegato a freelance (o qualcosa di simile), questo si rivela duro e pieno di errori inaspettati.

Ora però c'è tanta letteratura al riguardo e questo nuovo modo di lavorare si è diffuso abbastanza anche in Italia.

Persino mia moglie Manuela sta lavorando per Upwork (ex oDesk) da alcuni mesi e la mia assistente virtuale Fiorella lo fa da anni.

Ecco perché credo di aver capito come sopravvivere nel mondo del lavoro a distanza. Questi sono alcuni suggerimenti basilari da mettere in pratica che ti aiuteranno a rendere il passaggio da ufficio a casa rapido e indolore.

1. Crea una pianificazione ed attieniti ad essa. Niente scuse.

Se fai parte di un team e non sei un freelance al 100% potrebbe benissimo accadere che i tuoi bioritmi siano sfasati rispetto ai loro.

Questo in generale non sarebbe un problema, se lavorassi da solo e isolato dal mondo. Ma lo diventa quando vuoi essere raggiungibile, pronto e operativo e finisci per adattarti ai tempi di lavoro degli altri.

La conseguenza immediata è che la tua giornata da "equilibrata" si squilibra, perché finisci con l'aggiungere altre ore di lavoro per coprire quei momenti in cui gli altri sono svegli e produttivi (e tu no).

Così, anziché lavorare 6/10 ore al giorno in scioltezza, ne accumuli minimo altre 2/3 del tipo "svogliato e poco efficiente".

Ecco perché, oltre a modificare inizio e fine della tua giornata di lavoro, gli esperti ci dicono che è importante creare un **fuori orario impegnativo** ogni singolo giorno.

Questo ti permetterà di spegnere completamente il cervello e staccarti dal lavoro.

Io, non avendo mai avuto un datore di lavoro, non ho mai provato il lusso di lasciare un ufficio e tornare a casa con l'aria soddisfatta di uno che dice: "Per oggi ho finito e fanculo a tutti!"

Datti quindi il permesso di "timbrare il cartellino" e vedrai che **un senso di completezza** ti pervaderà immediatamente e ti permetterà di andare avanti senza sentirti in colpa.

2. Hai un ufficio. Vai in ufficio

Fermati.

Non sto dicendo che sia necessario affittare un locale per lavorare, ma credo che avere a casa tua uno spazio dedicato al lavoro, sia una necessità.

Se stai pensando di fare il tuo lavoro mentre sei a letto o seduto sul divano, tranne rarissime eccezioni (io a volte chatto in video su Skype dal letto, lo ammetto), cambia assolutamente location.

È un ordine.

Trova un posto tranquillo nella tua casa in cui puoi lavorare concentrato e indisturbato.

* Organizzalo come un ambiente esclusivamente di lavoro
* Assicurati di utilizzarlo esclusivamente per questo (se possibile)
* Intima a tutti, specie moglie e figli, che mentre tu sei lì non devono disturbarti per nulla al mondo. **Nel tuo spazio vige la pena di morte.**

Altrimenti, credimi perché l'ho visto fare con me e lo vedo con mia moglie, è la tua fine.

Ricorda, non sei più un pendolare, quindi inganna il tuo cervello facendogli credere che la breve passeggiata dalla tua camera da letto alla tua scrivania sia la stessa cosa.

Considera questa zona di quarantena e usala esclusivamente per il lavoro.

Se, invece, provi a lavorare dal tuo letto (o in pigiama, v. sotto), è probabile che finisca soltanto per schiacciare un pisolino.

3. Vestiti in modo adeguato

Quando la gente sente che io lavoro spesso da casa, inevitabilmente dice qualcosa come: "oh, deve essere bello lavorare in tuta tutto il giorno, eh?"

Onestamente non saprei...

In un primo momento, sì ho provato, ma mi sentivo a disagio ed ho subito cambiato la mia abitudine.

Infatti, quando proprio ci ricasco, resto direttamente in pigiama (almeno non perdo tempo a cambiarmi, no?)

Il più delle volte però considero ogni giorno **come se andassi in ufficio.**

Faccio la doccia, la barba (un paio di volte alla settimana), e mi vesto proprio come avrei fatto se non stessi lavorando da casa.

Saresti sorpreso di quanto questo ti farà sentire normale e quanto crei un senso di scopo nella tua mente.

Piccolo suggerimento bonus: **testa la miglior combinazione** di vestiti + location e scopri quella che ti rende più produttivo. A volte potrebbe cambiare tra mattina e pomeriggio o sera (magari per via dell'illuminazione o del rumore).

Non lasciare nulla di intentato perché basta davvero poco, come girarsi dall'altro lato del tavolo, per fare un'enorme differenza.

4. Capisci che è giusto avere una vita

La paura è una parte importante dell'imparare a lavorare da casa.

Molti hanno paura di fare qualcosa al di fuori di *lavorare* durante la giornata di lavoro, e sono infelici e frustrati.

Capire invece che è possibile (oltre che utile al fisico) andare a piedi alla cassetta della posta, a fare la spesa, o fare un carico di biancheria mentre un progetto viene caricato, è un grande sollievo per tutti, **specie per le donne** che, in questo caso, tendono a sclerare di più.

Oggi sto bene sapendo di poter andare a fare una visita medica, rispondere a una telefonata, o semplicemente fare una pausa di 15 minuti per guardare Focus, DMax o una tappa alpina del Giro d'Italia.

Ci sono momenti in cui queste cose si fanno in ufficio... ed è ammissibile prendersene cura lì.

Quindi perché non sarebbe ammissibile anche a casa?

Una raccomandazione però è sacrosanta: se hai intenzione di rimanere "fuori ufficio" per un periodo prolungato di tempo, basta che ti assicuri di comunicarlo al tuo team in anticipo.

Ricordati sempre che, nell'immaginario collettivo, TU sei in tuta a cazzeggiare davanti alla TV di casa.

Quindi, non far finta di niente, e cerca di informare il più possibile il tuo team dello stato di avanzamento del tuo lavoro (e non solo dell'ultima puntata di Gray's Anatomy).

Il segreto per lavorare da casa a distanza è quello di avere un sistema di comunicazione aggiornato e perfettamente funzionante.

Altrimenti la fiducia salta ed è finita.

5. Parla con i membri del tuo team

La cosa che mi manca di più del lavorare in un ufficio è l'interazione faccia a faccia con i miei collaboratori.

La relazione fisica umana è qualcosa che noi desideriamo a livello inconscio. **Non affrontare questa necessità** può avere un effetto seriamente negativo sul tuo nuovo stile di vita a casa.

Molti team medio/grandi fanno uso intensivo di piattaforme per riunioni online come GoToMeeting, WebEx o Google Hangout.

Le piccole aziende o i freelance comunicano con Skype o Facebook Messenger.

Io ho settimanalmente incontri uno a uno via Skype con Fiorella e con gli imprenditori che intervisto per i miei webinar.

È un ottimo modo per riempire il vuoto che rimane quando si inizia a lavorare da soli.

Assicurati di parlare di lavoro in questi incontri, ma investi un po' di tempo anche per una conversazione informale.

Chiedi ai tuoi colleghi di lavoro cosa stanno facendo, com'è la vita in ufficio, e spiega loro cosa stai facendo tu.

La comunicazione e il *faccia a faccia* sono probabilmente l'aspetto più delicato e critico riguardo il lavoro a distanza.

Senza di loro sei praticamente destinato a fallire.

Se poi la videoconferenza non ti è possibile, basta utilizzare una buona telefonata vecchio stile. Sentire la voce di qualcuno non è come vederlo faccia a faccia, ma è certamente meglio di niente.

Oppure puoi sempre iscriverti a un club **Toastmasters**, in cui non solo imparerai a comunicare in pubblico ma anche svilupperai le tue **doti di leadership** in un ambiente informale, protetto e ad un costo assolutamente ridicolo. Vai su www.toastmasters.it per saperne di più.

6. Diventa schiavo della tua To-Do-List

Come un lavoratore a distanza non hai certo intenzione di avere un responsabile dietro la schiena ogni giorno, ma questo non toglie che le cose vadano comunque fatte.

Altrimenti, ricordati il punto 4, tutto si rivolterà contro di te con interessi funesti.

Trova quindi un modo per programmare i tuoi compiti, sia che utilizzi una classica app per to-do list sul telefono, sia che tu scriva le cose su una lavagna, o semplicemente che copra la tua scrivania con post-it.

I tuoi giorni devono essere riempiti con quello che io chiamo "*obiettivi a passo di bambino*" che ti aiutano a ottenere progressi verso un più ampio obiettivo o progetto onnicomprensivo.

Preparati da 1 a massimo 3 grandi obiettivi quotidiani e segna i tuoi progressi nella tua lista di cose da fare.

La responsabilizzazione è una tua responsabilità ora. Devi diventare un **micro-manager di te stesso**, che ti piaccia o no.

Altrimenti continuerai a correre senza sosta come un pazzo, senza concludere nulla e aumentando solo il tuo livello di stress e frustrazione.

7. Crea l'illusione dell'attività

Alcune persone possono lavorare in completo silenzio, altre hanno bisogno di un leggero e costante rumore di fondo.

Pensa che ci sono addirittura delle App o siti web che simulano questo rumore di fondo perché alcuni studi sembrano dimostrare che ciò aumenti la creatività (https://coffitivity.com/).

Io, se in certi momenti adoro (ed esigo) la mancanza di interruzioni, dall'altra mi piace il rumore di un certo tipo intorno a me nell'ambiente, mentre sto lavorando da casa o dall'ufficio.

Se per te è lo stesso, devi trovare un modo per rendere la tua isola deserta come uno spazio di lavoro condiviso.

Coffitivity è l'ideale per la creazione di una **sensazione di mondo reale nel tuo ambiente altrimenti isolato**. Ci sono giorni in cui mi dimentico che sto lavorando da solo perché questo servizio fa un ottimo lavoro di acquisizione di luoghi, come un ristorante o un bar.

Può non piacerti, ma trovare qualcosa di simile non può che aiutare.

E, comunque, vale sempre la regola aurea di ogni imprenditore: testare, testare, testare.

8. Levati di mezzo

Sembra semplice, ma te lo dico sul serio, esci.

Lascia che la tua **mente vaghi un po'** e godi di un po' d'aria fresca.

Questo è un ottimo modo per rompere la monotonia dello stile di vita "lavoro a casa".

Se uscire è difficile (magari vivi in un grattacielo), apri una finestra.

La luce del sole e l'aria non viziata (anche se avrei molto da dire sulla qualità dell'aria di Milano o Roma per la tua salute…) può davvero cambiare il tuo umore e migliorare la tua esperienza di lavoro.

Ora inizia da qui

Io non sono Mosè, quindi questo non è affatto un modello scolpito nella pietra e da seguire parola per parola.

Ogni situazione è diversa, e ciò che funziona per me potrebbe non funzionare per te.

Lavorare da casa non è per tutti, ma basta sapere che ci vuole tempo per trovare veramente il tuo ambiente e ricavare un luogo in cui sei a tuo agio.

Spero che alcuni di questi consigli ti aiutino nella tua transizione e, raccontami via mail quale è stata la **tua esperienza di lavoro da casa** e, in particolare, **le difficoltà più grandi** che hai incontrato.

Personalmente, quella di riuscire a lavorare indisturbato dai parenti. All'inizio ero interrotto in continuazione per ogni inezia.

Alla fine, un po' sbottando, un po' spiegando gli è entrata nella testa… Ma quanta fatica!

Link e Risorse utili per questo capitolo

Webinar e interviste sul blog di TempoSuper

www.temposuper.com/events-calendar/

Toastmasters International (public speaking e leadership)

www.toastmasters.it

Coffitivity (simula rumore di fondo per stimola creatività)

www.coffitivity.com

Upwork (dove trovare collaboratori e assistenti virtuali)

www.upwork.com

GoToMeeting (per organizzare conference call con più utenti)

www.gotomeeting.it

WebinarJam (per creare webinar o interviste con centinaia di partecipanti)

www.temposuper.com/vai/webinarjam

Abbandona il lavoro inutilmente duro ed ottieni di più

Come avrai molto probabilmente letto almeno 100 volte su internet: le persone di successo non lavorano duramente, **lavorano in maniera più intelligente**.

Questo non vuol dire, ovviamente, che puoi permetterti di grattarti la pancia 12 ore al giorno. Anzi, ti dirò una verità che non ti piacerà: le persone di successo lavorano duramente e in modo più intelligente.

Per questo hanno un successo enorme, usano la leva del

(lavoro furbo) * (numero di ore lavorate)

Se invece tu lavori alla cavolo o come un mulo, finirai solo per essere un mulo stanco morto (e frustrato) alla fine di ogni giornata.

Dunque, quando ti accorgi che i tuoi concorrenti invadono la tua quota di mercato, è fondamentale che tu affronti il tuo lavoro **nel modo più produttivo possibile**.

E-mail, telefonate inaspettate e incontri improvvisati possono far fallire rapidamente la tua giornata, se non sei attento alla gestione del tempo. Utilizza i suggerimenti qui sotto per migliorare la tua produttività e concentrarti su ciò che è importante.

Se applicherai queste tattiche, avrai una maggiore probabilità di portare a termine la stessa quantità di lavoro in metà tempo.

1. Approfitta del primo Focus mattutino

Tutti sono tentati di girarsi nel letto, agguantare il loro telefono dal comodino e controllare la posta. Anche se ciò può sembrare produttivo, è il perfetto esempio del mettere davanti l'urgente all'importante.

Ricordati... quando tuo nonno ti ripeteva con la dentiera traballante:

le ore del mattino hanno l'oro in bocca!

stava passandoti una perla di saggezza che solo pochi sono in grado di applicare a fondo.

Di mattina la tua mente è più riposata e rinfrescata.

Potrai provare una maggiore attenzione durante tutta la giornata se affronterai prima le tue attività più dure.

Se lo scrivere è una parte importante del tuo lavoro, consideralo come prima cosa al mattino. Probabilmente scoprirai che la tua scrittura migliorerà e ti sentirai più concentrato per tutta la giornata.

2. Preparati un Piano d'azione dettagliato

All'inizio di ogni settimana, fai una lista di tutte le attività che devi compiere.

Dividi i grandi progetti in parti più piccole e numera ogni passo. Poi guarda il calendario e **blocca lo spazio** nel tuo piano per ogni attività. Concediti il tempo sufficiente e non accumulare troppo in un giorno.

Prendi degli appuntamenti con te stesso. Segna il tuo tempo designato come "occupato" per evitare che i colleghi pianifichino una riunione inaspettata. Se non finisci un'attività, sposta il tuo programma per farne una priorità il giorno successivo.

3. Fai delle pause

Pause veloci, prese spesso durante il giorno, possono migliorare la produttività.

Limita ogni pausa a dieci minuti. Cammina fino all'altro lato del tuo ufficio, guarda fuori dalla finestra o vai a prendere un caffè. Anche un breve tratto farà scorrere il tuo sangue e darà una pausa alla tua mente.

Se non sei in grado di staccare regolarmente dal tuo lavoro, utilizza un timer.

4. Prendi decisioni rapide (ma non affrettate)

La maggior parte delle decisioni che prendi ogni giorno nelle operazioni legate al tuo lavoro **non richiedono un'attenta riflessione**.

A meno che qualcosa non sia fondamentale per la strategia a lungo termine della tua azienda, non indugiare. Di fronte a una scelta, la tua reazione istintiva di solito è giusta.

Fai attenzione a non pensare alle tue opzioni o ad una seconda opportunità. Prova a prendere le decisioni meno importanti in due minuti o meno.

Oppure puoi fare questo **piccolo ma ingegnoso test**:

1. Prendi una decisione entro 2 minuti
2. Segna la decisione

3. Prenditi 20 minuti o più per rielaborare la decisione in base a nuovi dati, informazioni o riflessioni (meglio se il giorno dopo)
4. Segna la nuova decisione
5. Confrontala con la vecchia

Se i risultati tendono a coincidere, statisticamente potresti fidarti della decisione rapida e guadagnare così una marea di tempo.

5. Usa il caro vecchio telefono

La posta elettronica è uno strumento comodo e utile per la corrispondenza commerciale e, se utilizzato in modo appropriato, consente una comunicazione più efficiente, ricca e rapida.

Tuttavia, quando una catena di e-mail è superiore a due o tre messaggi, è il momento per una telefonata.

Un'attività semplice, come lo svolgimento di un incontro, può prendere 20 minuti del tuo tempo, mentre leggere e rispondere alle e-mail da entrambe le parti interessate richiede tempi più lunghi.

Lascia perdere le chiacchiere. Prendi il telefono e ricevi una risposta in cinque minuti o meno.

6. Delega il lavoro alla tua squadra

Come leader della tua azienda, il tuo tempo è più prezioso di quello dei tuoi dipendenti.

Parla con i tuoi dirigenti ed investi del tempo per **insegnare ai membri del team** ad assumere alcuni dei tuoi doveri.

Non delegare tutto in una volta. Invece, delega piccoli progetti.

Mentre il tuo team aumenta la sua conoscenza, sarà in grado di prendersi maggiori responsabilità all'interno del tuo business. In questo modo avrai il tempo di concentrarti sul futuro della tua azienda.

7. Adotta il single-tasking

Probabilmente avrai sentito i tuoi coetanei vantarsi di quanto sono multitasking, soprattutto le donne.

Purtroppo, stanno sabotando la loro produttività ed incrementando inconsapevolmente i loro livelli di stress.

Quando ci si concentra su più compiti alla volta, si fa male ogni attività. Puoi sembrare occupato, ma la tua efficacia è sacrificata per salvare le apparenze. Il single-tasking ti permette di completare ogni compito meglio e in molto meno tempo.

Ora inizia da qui

Fai bene attenzione a non strafare. Voler fare tutti questi cambi di comportamento in blocco non è né possibile né corretto.

Scegli piuttosto uno tra i sette suggerimenti proposti e cerca di metterlo in pratica ogni giorno con metodo, senza saltarlo nemmeno una volta, qualunque cosa ti accada e ti porti a sviare dai buoni propositi.

Poi, quando sarai soddisfatto del primo risultato, passa al secondo e così via. Una cosa alla volta fino a completarli tutti e sette.

Io, personalmente, userò il test del punto 4 per una settimana abbondante.

Raccontami via mail come è andata con questo esperimento e dimmi soprattutto: i successi che hai ottenuto e gli ostacoli principali che hai incontrato.

Perché conoscere l'Idraulica salverà la tua Gestione del Tempo (anche se sei negato)

Oggi ti voglio parlare di una teoria molto interessante e semplice da capire e da applicare, che è diventata il mio **mantra nella gestione del tempo.**

È molto intuitiva e ti permetterà di afferrare l'*importanza della scelta delle singole attività* che tu vai a fare all'interno della tua giornata. Da cui dipende – in fondo – il successo che potrai avere in ogni campo.

Immagina un secchio di ferro che contiene dell'acqua

Al suo interno, però, ci sono una serie di buchi, alcuni in alto, altri più in basso, alcuni più grandi, altri più piccoli. Come puoi immaginare, l'acqua all'interno del secchio, mentre tu la versi dall'alto, incomincia ad uscire dai buchi.

Alcuni buchi sono più in alto, e da questi uscirà meno acqua. I buchi più in basso invece, hanno più pressione – ti ricorderai i libri studiati alle superiori o all'università – perciò da questi uscirà più acqua.

Ovviamente, quanto più largo è il buco, tanta più acqua uscirà.

Cosa c'entra tutto questo con la gestione del tempo?

Per me **l'acqua rappresenta le attività** che tu vai a svolgere all'interno della tua giornata tipo. Quindi, quanto più queste attività hanno valore economico per te, oppure un valore emotivo, o in termini di qualità di vita, tanto maggior valore avranno il tuo tempo e le tue attività.

Però c'è un problema: ci sono i buchi.

I **buchi rappresentano** quelli che, nel libro, io chiamo **i killer** della produttività. Te ne ricordo alcuni: la mancanza o l'eccesso di obiettivi, la mancanza di focalizzazione, la dispersività, le continue interruzioni parziali. Ce ne sono moltissimi.

Se non te li ricordi puoi andare a leggerli sul libro che ho scritto, dove c'è un capitolo appositamente dedicato all'identificazione dei 15 killer della produttività.

Ognuno di questi killer, a seconda delle persone, rappresenta un buco: ha un'altezza e un diametro più o meno differenti, e va a *drenare tempo ed energie* dalla tua giornata e vita ideale.

Drenando energie, drena valore alla tua giornata

Devi immaginartelo in questo modo. Tu sei la persona che cerca di riempire il secchio, buttando dentro attività, ore, energie, quindi acqua, ma c'è **qualcuno che rema contro di te** dall'altra parte.

Spesso quel qualcuno sei tu, altre volte sono i tuoi clienti, o i collaboratori, o il governo, l'Agenzia delle entrate, i fornitori, il sistema, l'amministrazione, i software, che ti creano dei buchi e ti drenano tempo.

Ti fanno occupare molto tempo in attività a bassissimo valore, oppure, addirittura, a valore negativo. Non porta nessun beneficio fare queste attività, sono solo rotture di scatole. Quindi, tutte le volte che tu devi pensare alla tua giornata, pensala come *un secchio che è un colabrodo.*

Il tuo lavoro deve essere, da una parte, quello di cercare di **buttare all'interno del secchio sempre più acqua**, quindi attività, scegliendole sempre con un valore aggiunto superiore.

Dall'altra parte, devi fare *un lavoro di tappabuchi*. Immaginarti con dei cerotti e cercare progressivamente di tappare tutti questi buchi. L'ordine con cui lo fai è assolutamente personale, puoi decidere di partire da quelli più in alto o più in basso, o da quelli più grossi o quelli più piccoli.

Ciascuno di questi killer della produttività impatta in maniera diversa sulla tua vita e sulla tua giornata. L'importante è che tu vada a concentrarti per eliminare un killer alla volta.

Così come non puoi tappare tutti insieme i buchi di un secchio perché hai quindici buchi e dieci dita. Anche le dita sono un rimedio temporaneo perché, per risolvere il problema, devi utilizzare qualcosa di duraturo. E di duraturo, in questo caso, non c'è niente, perché un buco che tu hai appena tappato cercherà di aprirsi inesorabilmente da un'altra parte.

È un lavoro frustrante da un certo punto di vista, ma dall'altra parte è un qualcosa di inevitabile che succede a tutti. Quanta più acqua tu versi, tanta più pressione si viene a creare all'interno e su di te, perché il livello dell'acqua sale.

Più pressione crea anche più possibilità di bucare la membrana di questo serbatoio, ma è fisiologico. Quanta più responsabilità e soldi hai, quanto più grande è la tua azienda, quanto maggior valore ha il tuo tempo, tanto più purtroppo saranno le persone o gli eventi che cercheranno di rubarti tempo, energie, risorse.

Il tuo sforzo non è altro che uguale allo sforzo delle altre persone. Quindi devi mettere in conto *un tuo sforzo quotidiano*.

È un po' come accadeva nel supplizio di Prometeo, il cui fegato veniva divorato da un uccello. Oppure, sempre nella mitologia greca, c'era Tantalo che doveva spingere un masso in cima ad un monte, salvo poi vedere il masso rotolare a terra. E ricominciare il giorno dopo.

Se pensi che possa esistere un risultato finale nel quale tu non perdi alcun tempo e hai una giornata totalmente ideale... purtroppo ti sbagli perché non succederà mai.

Oppure puoi pensarla in maniera differente e più funzionale e dire:

Questa fase fa parte delle regole del gioco, non posso eliminarla, ma posso diventare più bravo ad accettarla, a risolverla, ad insegnarla agli altri (collaboratori, fornitori, clienti, figli).

Devi vederti come un maestro, accettando questo e capendo che tu puoi fare il massimo, del quale potranno beneficiare tante altre persone che dipendono da te adesso o che dipenderanno da te in futuro.

Ricapitolando, ecco cosa devi fare

Pensa sempre alla tua giornata come ad un secchio bucato, dove ogni buco rappresenta un killer della tua produttività e tu devi essere una specie di idraulico o di fabbro, che crea delle saldature in corrispondenza di tutti questi buchi.

Farai questo per tutta la vita. Forse riuscirai a chiudere alcuni buchi, ma la gran parte di questi si riapriranno da un'altra parte. Quanto più bravo sarai ad accettare questo fatto e a riparare i buchi, tanto migliore sarà la qualità della tua giornata e il valore che riuscirai a dare alla tua vita.

Mi auguro che con quest'immagine molto cruda, ma facile da ricordare e forte, tu possa veramente applicare questi concetti direttamente e ogni giorno alla tua vita e, poco alla volta, migliorarla passo per passo, quotidianamente, fino al momento in cui potrai dirti:

Si, sono diventato bravo e sono soddisfatto di tutto quello che sta succedendomi

Ora inizia da qui

Studiati al capitolo 10 del libro "*I segreti militari per gestire il tuo tempo come un sergente istruttore*" tutti i killer della produttività e fatti un'analisi (come chiedo di fare nell'esercizio che trovi al capitolo 3) che ti aiuterà a:

- capire quali sono gli strumenti migliori per identificare i killer
- vedere quanto pesano all'interno della tua vita
- creare un piano di azione per eliminarli progressivamente uno dopo l'altro, sapendo che questa eliminazione sarà continua.

È un po' come per i terroristi: non ha senso pensare di eliminarli tutti

Li puoi eliminare ma ci sarà sempre qualcun altro che nasce da un'altra parte.

Perfino con i batteri che vivono nel nostro intestino funziona così: non puoi eliminarli tutti. Arrivati ad un certo punto si troverà un equilibrio e quanto più sarai bravo a fare qualcosa, tanto meno ce ne saranno, ma non esiste un punto uguale a zero.

Devi accettarlo e, nel momento in cui lo farai, la tua vita migliorerà drasticamente. Al 100%.

Non perdere ulteriore tempo e concentrati subito su uno dei buchi e fila a tapparlo.

Poi mandami una mail e raccontami come è andata. Ci tengo a condividere le storie di successo dei miei lettori.

12 Segreti per condurre Riunioni efficaci (senza annoiarsi né perdere tempo)

Fortunatamente non ho mai dovuto partecipare a molte riunioni noiose e ad estenuanti meeting. Essendo sempre stato io il capo di me stesso ho sempre avuto un grande vantaggio.

Tuttavia, facendo parte di gruppi ed associazioni culturali e di business, mi capita spesso di dover partecipare a riunioni o **eventi che alcune volte rasentano il tragicomico** per come sono organizzate, condotte e per i risultati (zero) che producono.

Per questo, quando ho letto questa frase di Bill Gates a proposito di Warren Buffett, mi sono detto: fischia, ha ragione da vendere.

Non lascia che il suo calendario venga intasato da riunioni inutili.

Sembrerebbe infatti che, nel mondo super tecnologico ed iper connesso di internet, il vecchio modo di condurre meeting ed incontri di lavoro sia deleterio: su morale, produttività e motivazione.

Sinceramente, quante volte hai partecipato di recente ad una riunione e te ne sei uscito potendo esclamare liberamente:

Caspita, erano anni che non vedevo una roba così efficace e priva di fronzoli.

E allora, perché questi meeting non possono essere **più brevi, produttivi e**, perché no, **divertenti**? È proprio impossibile?

La buona notizia è che molte delle aziende più grandi stanno introducendo delle regole per condurre le riunioni grazie a qualche responsabile delle risorse umane particolarmente illuminato.

Ma che succede nelle PMI, in Italia dove il signor padrone conta ancora per il 99% dei casi ma, lui per primo, è la negazione assoluta in quanto ad organizzazione di meeting ben fatti ed efficaci?

Te lo dico io: **siamo indietro come le palle dei cani**, anni luce. Ecco perché devi leggere questi 12 ingredienti rari che rendono una riunione produttiva.

Se sei un manager, un team leader o un responsabile delle risorse umane, potrebbero decisamente interessarti perché grazie ad incontri più efficaci tutta la squadra ne beneficerà.

E se, invece, sei quello che deve partecipare alla riunione e sbattersi come un mulo per fare tutto il lavoro mal progettato che di solito è il parto di questi incontri, potresti suggerire ai tuoi capi alcuni di questi punti.

1. Il Tempo non è il Vero Problema

La maggior parte delle persone si lamenta che non ha abbastanza tempo e, certamente, i meeting organizzati alla cavolo di cane ne rubano una quantità smisurata.

Ma, secondo quanto afferma Tony Schwartz, un famoso scrittore americano di business ed organizzazione aziendale:

"Devi gestire la tua Energia, non il tuo Tempo"

Non posso che condividere, anche perché di tempo ne abbiamo tutti 24 ore. Ma l'energia per portare a termine tutte le nostre azioni non è affatto la stessa.

Alcune persone sembrano mosse da una centrale nucleare, altre vivono in letargo persino se stanno facendo la gara dei 100 mt piani.

Ecco perché è fondamentale che impari a concentrarti soprattutto sui livelli di energia (e di concentrazione) che hai durante la giornata. Pianifica delle pause brevi e frequenti, così che i livelli di energia restino sempre al massimo.

C'è poi un aspetto quasi segreto e che parrebbe non c'entrare nulla per mantenerti pimpante e reattivo, a qualunque ora della giornata: **l'alimentazione**.

Non entro nel merito in questo post (probabilmente ne scriverò uno ad hoc) ma i Romani avevano ragione da vendere quando dicevano

Mens sana in corpore sana

Ecco perché devi **curare in modo maniacale anche quello che mangi** per evitare due fenomeni super-pericolosi per la tua energia:

- l'abbiocco post-pranzo, causato dalla digestione eccessivamente lunga ed impegnativa
- il calo di zuccheri, di cui una dieta troppo basata sui carboidrati è la causa principale.

2. Accorcia le Riunioni

Impostare un limite massimo di 10 o 15 minuti può davvero aiutare. Alcuni manager si portano **addirittura un timer** che suona quando il tempo è finito.

Non è un caso che gli speaker degli eventi TED e TEDx (cercali su YouTube) hanno un limite di 18 minuti.

Se devi parlare in pubblico (e le riunioni sono un'occasione tipica per farlo) puoi partecipare ad un incontro **ToastMasters**, dove chi parla ha un tempo limite di 7 minuti per esporre un intero discorso. Mentre parli, ci sono dei veri e propri semafori che ti dicono se stai andando lungo e, se sfori, suonano campanelle o campanacci...

Da provare almeno una volta se non riesci mai a stare nei tempi e vieni spesso tacciato come "troppo lungo".

La ragione per cui riunioni più corte sono più produttive è che, come dimostrano ormai tonnellate di ricerche, la nostra **capacità di concentrazione è soggetta a un rapido declino** se gli incontri o gli interventi vanno per le lunghe.

Uno studio effettuato alla Texas Christian University mostra che gli studenti ricordano più informazioni se le lezioni durano di meno. Pensa un po' cosa succederebbe in Italia...

3. Pianifica gli Incontri appena possibile

Molte aziende hanno un giorno ed un orario riservati agli incontri, che cercano di mantenere rigidi il più possibile.

Ora, da un lato questo è indubbiamente comodo perché non c'è apparentemente il rischio che qualche smemorato possa scordarsi della riunione del lunedì mattina, visto che c'è tutti i lunedì.

D'altra parte però la produttività è rallentata, proprio per via di una programmazione rigida.

Sarebbe molto meglio incontrarsi quando le cose devono essere fatte, ci sono decisioni da prendere e azioni da pianificare nei dettagli.

Personalmente vedo due grandi rischi delle "riunioni fisse":

- se c'è poco di cui parlare, si buttano via tempo ed energie (e la gente esce demotivata)

- se ci sono affari importanti da discutere, si perde del tempo prezioso perché bisogna aspettare il giorno giusto per farlo

Ciò detto, visto che siamo in Italia e che la nostra gestione del tempo e dei team fa oltremodo rabbrividire, **il mio consiglio spassionato** è quello comunque di fare le riunioni ma, se non c'è molto da dire

- farle in piedi (v. sotto)
- di pochi secondi
- dove parla solo il capo (a meno che nascano domande)
- usate per motivare il team e ringraziarlo per gli sforzi fatti
- e poi tutti fuori dalle palle...

4. Stai in Piedi o in un altro Posto

C'è una ricerca interessante di SAGE Publications che dimostra che l'atto stesso di sedersi incrementa i **problemi di natura territoriale**, con tutte le conseguenze del caso.

In altre parole, ogni volta che mettiamo il nostro fondoschiena su una sedia ci sentiamo più a nostro agio, al sicuro, comodi e potenti; da questo scaturisce una tendenza a mostrarci più autoritari, a non voler cedere, a non cambiare opinione.

Mentre stando in piedi tutto questo non accade, perché i partecipanti si sentono meno tranquilli e vogliono "terminare in fretta il supplizio" prendendo decisioni.

Lo stesso livello di energia è totalmente differente se stiamo seduti o in piedi.

Ovunque tu sia, cerca di essere innovativo con il tuo spazio. Prova a fare riunioni **stando in piedi** o vattene nel parco.

Uscite dall'ambiente di tutti i giorni

Richard Branson

Ecco perché, tutte le volte che partecipi ad una riunione, **dovresti alzarti in piedi e fare da lì il tuo discorso**. Guadagni almeno il 50% in più di rispetto e puoi usare al massimo tutto il tuo linguaggio del corpo. Cosa che se sei inchiodato ad una sedia ti è impossibile.

Se non ci credi pensa a quando sei andato ad una di quelle riunioni super pallose e cerca di ricordarti se ti sentivi più attivo e coinvolto quando la gente parlava seduta (magari dietro ad una scrivania – Dio muoio al solo pensiero) oppure quando stava in piedi.

Un altro pianeta. Gratis. E, se **ti senti a disagio a parlare in piedi**, vai ad un paio di meeting Toastmasters e ti assicuro che questa "cattiva sensazione" sparirà molto in fretta.

5. Pianifica l'Agenda con largo anticipo

Anche un piccolo meeting ha bisogno di un **ordine del giorno** da far circolare prima dell'incontro. Aiuta le persone a prepararsi e focalizzarsi sui problemi che ci sono da discutere.

Suggerimento bonus: indicare anche la durata dei singoli interventi, così che chi deve intervenire saprà in anticipo quanto tempo ha a disposizione e potrà preparare al meglio il suo discorso.

Essere breve e nei tempi denota:

- rispetto degli altri
- capacità di sintesi
- volontà di prepararsi bene ad un incontro

All'inizio non funzionerà quasi nulla e certamente andrete lunghi; tuttavia, se le nuove regole sono condivise da tutti i membri del team e soprattutto **vengono rispettate anche dal capo**, vi basteranno pochi incontri per prendere le misure ed ottenere risultati prima assolutamente impensabili.

Potrai dimostrare che anche gli Italiani, se vogliono, sanno essere precisi, puntuali e rispettosi delle regole. A vantaggio di tutti.

6. Crea una zona "Smartphone free"

Se le riunioni sono brevi, condensate e pianificate in anticipo non c'è nessun motivo per cui debbano entrare i cellulari. Su questo sono assolutamente talebano.

Nemmeno se tua madre sta morendo o tua moglie partorendo.

Perché, in questa remotissima ipotesi, basta lasciare il numero dell'ufficio ai parenti e farti avvisare dalla segretaria.

In tutti, ripeto, tutti gli altri casi, i cellulari devono stare fuori o totalmente spenti.

Fosse per me proporrei il licenziamento in tronco per chi non rispetta questa banale regola di convivenza civile e professionalità aziendale.

E, se sei così testa di rapa da pensare

Sì, ma se mi chiama Tizio con un problema super urgente?

Visto che al 99,99% non lavori al 118, se costantemente hai problemi così pressanti da richiedere solo il tuo intervento, allora hai un altro problema ben più grande. Che non è quello delle riunioni, ma del fatto che **hai impostato così da schifo il tuo lavoro** che finisci per esserne schiavo e condurre una vita super stressata dietro agli umori mutevoli di clienti per nulla addomesticati.

In quel caso, resta valido quanto sopra, ma nel frattempo corri come Usain Bolt e cercati un corso per imparare a delegare il lavoro ed organizzarti meglio. Altrimenti, in tutta sincerità, io una persona come te non la vorrei mai in azienda. Sei troppo pericoloso.

E, se sei il capo, peggio ancora. Sei seduto sopra ad una polveriera che potrebbe saltare in aria quando meno te lo aspetti.

Se ancora non ti ho convinto (mi sembri un caso disperato e forse, a questo punto, dovresti smettere di leggere questo capitolo e questo libro) prova a chiedere ai tuoi colleghi o alla gente in generale cosa pensano delle persone che usano lo smartphone durante le riunioni?

La maggior parte lo considera una **profonda mancanza di rispetto** e dimostra che la partecipazione è assente o "a macchie". Molto meglio trasformare (mettici un bel cartello, come in ospedale o sugli aerei) l'area degli incontri come una *no-smartphone-zone* e incoraggiare/obbligare le persone a lasciare i loro aggeggi elettronici in un cestino fuori, con un bel post-it che identifica il proprietario.

Tanto per darti un'idea... **la Casa Bianca** lo sta già facendo...

Chi caspita credi di essere tu se non te lo puoi permettere e pensi di non poterlo fare?

7. Limita il numero di Partecipanti

È uno dei suggerimenti che raccomanda Kristen Gil nel post 'Start-Up Speed' questo post (giusto per capirci questa signora non è una sprovveduta qualsiasi, ma la responsabile delle Business Operation a Google)

www.thinkwithgoogle.com/articles/start-up-speed-kristen-gil.html

Limitare i partecipanti allo stretto necessario, ovvero quelli che sono direttamente coinvolti in un progetto o procedura, lascia più tempo agli altri per completare il loro lavoro e, soprattutto **non li fa sentire frustrati** perché devono partecipare a riunioni

- dove la loro opinione non conta
- dove non sono aggiornati sullo stato di avanzamento dei lavori
- dove occupano una sedia inutilmente e si sentono derubati di tempo prezioso

8. Conduci il meeting come un orologio svizzero

Gestire una riunione è tutt'altro che un lavoro facile (anche se può sembrarlo).

Se ti sembra facile è solo perché:

- non lo hai mai fatto
- hai visto persone molto brave per cui ti sembrava facile
- hai visto dei cagnacci improponibili e quindi ti sei detto "a farlo così sono buoni tutti"

In realtà, a voler fare le cose bene e professionalmente, devi prestare attenzione a tutti questi aspetti:

1. Definire il motivo dell'incontro, per esempio "Ci troviamo oggi per preparare la visita del Presidente"
2. Mantenere fuori dall'ordine del giorno interventi ed interruzioni che non sono previsti (serve pugno di ferro). Possono semmai essere discussi, se avanza tempo, nella sezione varie ed eventuali.
3. Incoraggiare ognuno a dire la sua e partecipare attivamente alla discussione.
4. Scoraggiare chi vuole mettersi in mostra, tipico in ambienti molto competitivi.
5. Rimanere aderenti al tempo ed alla scaletta, invitando chi parla a concludere (o tagliandolo senza pietà... imparerà la prossima volta).

9. Punti critici da portare a casa

La persona che gestisce una riunione ha il compito di mantenere tutto sui binari, utilizzando al meglio il ridotto tempo a disposizione.

In pratica questo vuol dire che alla fine dell'incontro i partecipanti DEVONO uscire con:

- una lista di azioni/attività da compiere

- l'indicazione di chi sarà il responsabile incaricato
- la data entro cui verrà ultimata l'attività prevista

10. Consenti alle persone di arrivare in tempo

Fai in modo che ci sia abbastanza tempo prima del meeting in modo che le persone possano concretamente arrivare in orario.

Considera 10 minuti prima e dopo altri impegni così che ognuno si possa preparare al meglio, raccogliere tablet, cartellette, appunti, avvisare la segretaria che si assenterà per 1/2 ora o andare semplicemente in bagno.

Al termine della riunione ricorda poi, il prima possibile (delegalo pure alla tua segretaria), di mandare una **mail di follow-up** a tutti che ricordi nero su bianco tutte le decisioni prese (v. punto sopra).

11. Identifica i Risultati e pianifica la Riunione successiva

Siamo ormai giunti al termine, così vogliamo essere un po' ottimisti ☺

Dando allora per scontato che i punti di azione porteranno i risultati attesi e sperati, è sempre una buonissima idea definire di cosa si parlerà nella riunione successiva.

Non sono ovviamente idee o dettami da scolpire nella pietra ma devono avere senso e connessione con quanto discusso nell'ultima riunione.

Idealmente affrontare il **passo successivo ed eventuali contromisure** nel caso di insuccesso, come spesso accade con piani marketing o grandi progetti industriali.

Lo scopo è quello di mantenere le persone concentrate non solo sugli obiettivi a brevissimo termine ma coinvolte in una visione più dall'alto, ad ampio spettro e lunga gittata.

12. Incoraggia a sviluppare Capacità di gestione delle riunioni

Delegare alcuni dei compiti prima, durante e dopo le riunioni è un modo molto efficace di migliorare le competenze di gestione di un meeting.

Decidi chi dovrà essere responsabile di segnare i punti di azione, controllare i tempi e dettare l'agenda.

Tante più persone avranno un compito e tanto più farai **alternare i ruoli**, tanto prima e meglio:

* resteranno attenti e senza distrazioni
* si sentiranno parte di un team
* si responsabilizzeranno (perché se qualcosa non va sarà SOLO colpa loro)
* si prepareranno
* impareranno a loro volta a delegare
* troveranno nuove idee, strategie o suggerimenti per migliorare l'efficacia di un ruolo
* avranno meno voglia di litigare e fare i pavoni

Ora inizia da qui

Comincia a testare, uno per volta, questi suggerimenti e **fammi sapere i tuoi risultati sulla pagina Facebook** di Temposuper o via mail.

www.facebook.com/CorsoTempoSuper/

Ricordati sempre di non strafare e di introdurre le modifiche poche per volta; infatti, soprattutto nel caso delle riunioni, ci saranno molte persone coinvolte nel processo e da cui dipende il risultato finale.

Stravolgere, anche se sei il capo, dall'oggi al domani il sistema a cui sono abituate da mesi o anni rischia di ritorcersi contro di te.

Fai un passo, poi un altro e verifica sempre i risultati prima di aggiungere pezzi al tuo mosaico.

Per finire, contatta tutti i tuoi amici, colleghi o imprenditori che secondo te **possono trarre grande beneficio** da questi metodi. Mandagli una copia di questo capitolo o prestagli l'intero libro: te ne saranno grati per sempre!

10 Azioni (ingiustamente sottostimate) che fanno le Persone di Successo

Sei pronto a diventare una centrale termonucleare di super-produttività? Davvero? Ma, dai, non prendiamoci in giro... Ritorna pure alla tua vita normale, con qualche sprazzo occasionale di produttività, seguito dalla lunga striscia di non-faccio-nulla-di-significativo.

Certo, potresti sentirti a volte uno straccio, ma almeno non ti sei sbattuto molto e puoi continuare semi indisturbato il tuo tran-tran. Secondo me ne vale la pena... lo dico seriamente.

Cosa c'è? Ti sei arrabbiato? Allora aspetta.

Sei davvero stufo marcio di questo ciclo di alti e bassi, oppure no?

È importante, sai, perché se vuoi essere davvero una macchina da guerra di efficacia ed efficienza (invece di limitarti a leggere libri e blog come questo), **devi cambiare**. E non comprando l'ultima app di gestione delle liste o diventando un ninja delle agende elettroniche.

Ma facendo le cose, le stesse cose di prima, in modo diverso. Pensando diversamente. Cambiando la tua vita in modo sottile ma potente, come fanno in questi 10 esempi molte delle persone super-produttive.

1. Smettono di pensare a quello che pensano gli altri di loro e delle loro scelte o idee

Attento, non perché fa figo o perché vuoi fare a tutti costi il ribelle senza una causa, 100% alternativo. Affatto. Le persone produttive sono troppo occupate per perdere tempo a preoccuparsi del fatto che possano piacere agli altri o meno. Se vengono considerati fighi bene, se dei coglioni bene lo stesso.

Hai presente Dante nell'Inferno:

Non ti curar di lor, ma guarda e passa.

Le persone efficaci sono quelle che fanno, cambiano, muovono e scuotono il mondo in modo da cambiare la definizione di "grande". Vuoi essere produttivo? Allora devi **abbandonare la preoccupazione per le opinioni del tuo gruppo**, i tuoi pari, gli amici, di chi detta le mode.

Lasciali pure prendere fiato e cambiare aria alle corde vocali, lasciali inseguire ciò che per loro è figo. Tu sarai quello che cambia realmente il mondo.

2. Hanno smesso di cercare di rendere tutti felici, molto tempo fa. Persino Gesù.

Infatti, le persone produttive hanno imparato che è davvero importante dire di NO per fare del vero bene agli altri. Perché quello che rende le persone felici spesso non è la stessa cosa che ci rende efficaci.

- I tuoi amici vogliono uscire con te e divertirsi un po'… ogni sera o quasi.
- La tua mammina vuole che tu vada a trovarla… ogni fine settimana.

- Tua moglie vuole che la chiami... ogni 2 ore.

Tutte le persone importanti della tua vita vorrebbero da te più tempo, attenzione, romanticismo. Il tuo gatto invece vuole solo essere coccolato.

Niente di male o di strano in tutto questo, ma rendere felici tutti gli altri finisce con il **lasciarti senza energie per fare le TUE cose**;

Come puoi cambiare il mondo se corri costantemente dietro all'agenda degli altri?

Devi imparare a dire di NO. Lascia che i tuoi amici e parenti trovino la loro felicità da soli, mentre tu sei impegnato a fare quello che sai ti renderà migliore. Tranquillo, possono farcela anche senza di te. Non succederà nulla se per qualche volta salterai un appuntamento o una telefonata.

Dì SI a relazioni sane, che ti lasciano tempo e spazio per essere la persona produttiva che vuoi diventare.

Parliamoci chiaro. **Perfino Gesù Cristo si è fatto i cavoli suoi.** Appena ha avuto chiara la sua missione mica è rimasto a fare compagnia a mamma e papà... Era al tempio a predicare. E quando arrivato a 30 anni ha iniziato a girare mezzo mondo (di allora), non è che si è fermato ad ogni osteria per fare baldoria.

Tutte le volte che lo faceva aveva un piano in mente e succedeva un mezzo miracolo o qualche casino...

Questo vuol dire avere le idee chiare. Non vengo a cena a Cana da 2 barboni che non hanno nemmeno pensato a comprare abbastanza vino, ma perché so che posso fare il fenomeno e che il miracolo che compirò finirà nella Storia.

Tutto a tavolino, magistralmente. Da copiare e incollare. Con buona pace di mammina e paparino.

3. Scelgono e portano a termine poche cose alla volta

Sfatiamo un mito. Essere una persona produttiva ed efficace non vuol dire essere un supereroe. Non sei sulla terra per salvare il mondo da un invasore alieno o da Renzi o Berlusconi... Sei qui per fare il tuo lavoro al meglio, qualunque esso sia.

Scrivere, inventare, aiutare gli altri grazie a qualche tua capacità. Ma **se le tue forze sono divise** tra molte attività e impegni, probabilmente non riuscirai a combinare molto in nessuna.

Scegli poche aree essenziali della tua vita che contano davvero per te, e cerca di fare il massimo solo in queste; anche se questo vuol dire che dovrai trascurare molte altre cose ed interessi.

Potrai farlo quando avrai terminato con successo gli obiettivi che ti sei dato.

4. Hanno poche priorità, ma ben definite

Quando le persone produttive si impegnano in poche aree (ma scelte con grande cura), sono queste stesse aree a definire le priorità della loro vita. E, a questo punto, lasciano che il resto della vita faccia il suo corso, con tutte le altre attività che diventano non-prioritarie.

Ciò non vuole dire che smettono di dedicarsi anche ad altro, ma lo fanno con un filo di gas. Perché sanno che se c'è una scelta da fare, del tempo extra da dedicare, tra qualcosa ad alta importanza e qualcosa che non lo è, ciò che è prioritario vince sempre.

5. Scelgono di fare meno cose, ma che contano

Molti si immaginano una persona super-produttiva come qualcuno che passa come un martello pneumatico da un'attività all'altra, eliminando migliaia di cose-da-fare da liste chilometriche, sia cartacee che elettroniche.

Si sbagliano di grosso. Niente di più sbagliato.

Essere efficaci non vuol dire questo. Sei **produttivo quando impari a dire di NO** alla lista interminabile di cose che potresti fare (ed altri vorrebbero che tu facessi per loro). Ci sarà sempre qualcosa in più da fare, in ogni area: personale, casa, relazioni, lavoro, hobby.

La lista è infinita, ma il tempo è limitato. Per questo la lista delle priorità (come suggerisce Leo Babauta su www.ZenHabits.net) deve essere corta.

Chi è efficace davvero decide di affrontare al meglio solo poche cose importanti, focalizzandosi al massimo e dedicandogli tutte le energie cercando di portare a termine un solo compito alla volta

6. Non cercano di barare o evitare il lavoro

Il mondo chiede a gran voce un manuale "diventa ricco in pochi semplici passi", infatti se cerchi su Amazon ne troverai una quantità smisurata.

Ovviamente nessuno di questi funziona davvero.

Le persone di successo sanno che il vero successo non arriva all'improvviso, ma dopo mesi ed anni di duro lavoro. A farsi un culo quadro che non augureresti nemmeno al tuo peggior nemico.

Chi è produttivo non passa il tempo cercando di evitare il lavoro, tirarsi fuori sul più bello, o cercando di capire come può imbrogliare per arrivare ad essere il primo della fila. Fare il Romano, il Napoletano o l'Italiano della situazione non ti aiuterà certamente.

La gente di successo fa il lavoro e basta.

Quanto tempo investi ogni giorno a migliorare i tuoi sistemi, rendere più snella la tua organizzazione, riprogettare le tue applicazioni, impostare il posto di lavoro, istruire la tua segretaria o cerchi di semplificare e ridurre il tuo carico di lavoro?

Attenzione, non è detto che queste cose non siano importanti.

Sistemi, organizzazione, postazione di lavoro, flusso di informazioni, aiuti e semplificazioni sono ottimi metodi e strumenti di produttività.

Tuttavia non sostituiscono quella parte della giornata in cui ti metti **con il sedere inchiodato alla sedia e non ti alzi** fino a quando non hai finito di fare i compiti prioritari che ti eri dato. Devi farti un mazzo tanto anche tu, non far correre gli altri e basta.

7. Vedono il lavoro in modo diverso rispetto a te

Parlando di lavoro, qual è il tuo atteggiamento nei suoi confronti? Esserne consapevoli racconta molto riguardo a quanto tu sei (o potrai essere) produttivo o meno.

Se fai parte della media, probabilmente **vedi il lavoro come un lago di guano** attraverso il quale devi passare per poi arrivare sulla spiaggia del divertimento. Non c'è niente di male in tutto questo, ma non ti renderà certamente una persona efficace e super produttiva.

Resterai nella media.

Le persone di successo capiscono che il lavoro – qualunque esso sia e possa sembrare – è un privilegio.

Il lavoro è il modo in cui noi facciamo le cose e cambiamo le cose.

Grazie al lavoro raggiungiamo i nostri obiettivi e lavorare è una condizione necessaria (ma non sufficiente) per essere produttivi.

Che sia il lavoro per cui vieni pagato, quello che chiami "carriera", quello che fai perché ti piace o quello che devi fare a casa tua, lavorare è il modo unico che tu hai per far accadere le cose.

Non è un dovere, è un diritto. È il tuo potere, è nelle tue mani. Comunque vadano le cose tu qualcosa lo avrai fatto. Sta a te decidere la qualità di questo risultato finale. E questo puoi farlo solo tu. Ecco perché è POTERE.

Ogni giorno, ovunque, hai il potere di scegliere, di fare e di lavorare in un certo modo per far accadere le cose che ti attorniano e che tu chiami VITA.

8. Studiano (ma non troppo), prima di iniziare

Le persone di successo sanno che la conoscenza è potere. O, meglio, che se agiscono con delle solide basi teoriche alle spalle il risultato è più efficace e certo.

Quando hanno scelto su quale area concentrarsi ed hanno definito le loro priorità, iniziano la ricerca. Trovano persone che conoscono quello che devono fare e creano delle relazioni. Fanno interviste. Leggono studi e report, giornali e riviste, libri e bilanci. Prendono appunti.

Sviluppano abilità e poi iniziano a fare, in modo concentrato e, soprattutto, **evitando di perdere tempo su strade poco efficaci** e di incorrere in errori banali. Perché qualcuno li ha già avvertiti.

9. Perdono meno tempo a pianificare di quanto tu possa pensare

I piani sono utili ma non saranno mai privi di errori o, come meglio direbbe il Generale Eisenhower:

Nella preparazione per la battaglia

ho sempre trovato che i piani sono inutili,

ma la pianificazione è indispensabile.

La vita cambia di volta in volta e "shit happens", dicono gli inglesi. Le persone produttive sanno bene che **un piano è solo un punto di partenza**, che incontreranno certamente tanta immondizia e dovranno spalare tonnellate di merda che gli eventi nefasti e le persone invidiose gli butteranno addosso.

Un buon piano assomiglia più ad una bussola che ad una cartina stradale. Ti aiuta a puntare nella direzione esatta, ma non ti dice esattamente quale ponte attraversare, che tipi di strade troverai e se ci sono autogrill ogni 25 km e benzinai ogni 50.

Le persone di successo si ricavano del tempo per mettere insieme (dopo aver studiato ed essersi preparati a sufficienza) un piano decente che fornisca loro un punto di partenza e una direzione piuttosto definita verso l'obiettivo che intendono raggiungere.

E poi iniziano, cambiando percorso ogni volta che trovano ostacoli lungo la strada; a volte li saltano, a volte li sfondano, altre li aggirano. Ma con la bussola in mano sanno sempre dove andare.

10. Danno per scontato che i rischi fanno parte del gioco

La specie umana più diffusa ha la convinzione che se si fanno le cose giusti ci si salverà.

Così cerca di eliminare ogni genere di rischio e pericolo, sia esso reale o emotivamente immaginario. Ma non funziona così: non potrai mai fare nulla o abbastanza che porti il rischio fuori dall'equazione della vita. Te lo ripeto:

Non potrai mai fare nulla o abbastanza

che porti il rischio fuori dall'equazione della vita

La vita stessa è un rischio, da quando nasciamo a quando crepiamo. Funziona così e basta. Così, mentre l'umanoide medio investe tempo, energie e tonnellate di denaro per proteggersi le spalle ed evitare il minimo rischio, **le persone di successo ed efficaci sono proattive** e scelgono deliberatamente i rischi che vogliono correre.

Dopotutto, se sei ancora vivo, è perché hai corso qualche rischio finora. Fosse anche uscire di casa per entrare in auto e guidare 1 ora per andare al lavoro.

Puoi essere vittima impaurita dei rischi o conoscerli, accettarli e mettere in conto che fanno parte del gioco. Soprattutto se vuoi arrivare rapidamente da qualche parte.

Ora inizia da qui

Riguarda uno alla volta ciascuna di queste 10 azioni e chiediti: "perché non l'ho mai messa in pratica fino ad oggi?"

Non fermarti alla prima risposta, approfondisci, continua a scavare e chiediti il perché del perché.

Emergeranno paure, incertezze, timori di rifiuto, vecchie storie che hanno minato la tua fiducia e autostima... oppure semplicemente che non sapevi ci fosse questa possibilità perché nessuno te ne aveva mai parlato fino ad oggi.

Lo ammetto: non sarà un compito facile. Dovrai lavorare a stretto contatto con il *lato oscuro della forza* e della tua personalità.

Ma è solo conoscendolo meglio che potrai capire fino in fondo perché sei quello che sei e hai quello che hai.

E da lì passare al tuo livello successivo, accettando anche le parti più oscure di te, imparando a conviverci e, addirittura, facendole lavorare a tuo vantaggio e non più come zavorra.

6 Abitudini prima di dormire dei superuomini di successo

Tutti noi ne abbiamo le tasche piene di leggere e sentire di queste persone antipatiche di grande successo che si svegliano presto al mattino e conquistano mezzo mondo prima che i poveri sfigati abbiano tentato di accendere la caffettiera ed a stento cercano di capire se sono le 6 del mattino o le 2 di notte.

In realtà però c'è un altro **momento del giorno che riveste un ruolo altamente importante**. Cosa fanno dunque questi super uomini poco prima di andare a letto?

Vuoi sapere il segreto? Si preparano per avere un mattino ancora più produttivo... che noia...

Ecco dunque le 6 abitudini prima di dormire delle persone di grande successo.

1. Leggi per un'ora

Si racconta che Bill Gates, il papà di Microsoft, sia un avido lettore. Ogni notte prima di ronfare dedica almeno un'ora alla lettura. Variando tra politica, avvenimenti di attualità e di come quelli di Apple stiano rubando quote di mercato a Windows ☺

Al di là dell'ovvio fatto di ottenere una maggior conoscenza, è stato dimostrato che *leggere riduce lo stress e migliora la memoria*. Uno studio del 2009 dell'Università di Essex dice che leggere per almeno 6 minuti al giorno (quindi anche mentre sei in bagno a meditare va benissimo) può ridurre i livelli di stress fino al 68%.

Un po' abbondanti come numeri... ma leggere, soprattutto roba non impegnata, porta a staccare la spina completamente; disconnette il cervello dai problemi e dalle preoccupazioni del giorno e permette di ricaricare in modo rapido la nostra batteria, un po' come se fosse una super-meditazione di pochi minuti (v. sotto).

Un altro grande beneficio di aprire un libro ogni sera è quello che può **migliorare la salute a lungo termine del tuo cervello**. Ogni volta che leggi è come se la tua zucca facesse ginnastica. Un studio effettuato nel Regno Unito mostrò che le persone che stimolavano la mente attraverso attività come leggere, ridussero il declino cognitivo di un 32% percento medio mentre avanzavano con gli anni.

2. Stacca la spina

Arianna Huffington, fondatrice dell'Huffington Post, è passata dal guardare compulsivamente gli strumenti tecnologici ad essere una evangelista del "staccare la spina". Ogni notte prima di dormire prende il cellulare e lo mette in un'altra stanza, così non è assolutamente distratta. E la scienza prova che fa molto bene.

Secondo il dottor Charles–Czeisler, un professore di terapia del sonno all'Università di Harvard, la luce brillante prodotta dai nostri cellulari **rovina il ciclo naturale del sonno e ci inganna**, facendoci pensare che sia giorno. Queste luci mandano un messaggio al cervello che impedisce la produzione di ormoni e sostanze chimiche, comportando un tempo assai più lungo per addormentarci.

Così, se vuoi trascorrere un sonno davvero ristoratore, tieni lontani (o quantomeno spenti) i cellulari e, come suggeriscono infiniti altri studi, *dormi al buio totale*. Niente led, luci da notte, finestre mezze sollevate, sveglie luminose. Nulla.

In fin dei conti eravamo abituati a dormire nel fondo di grotte e caverne, dove di luce non ce n'era molta e cellulari tanto meno...

3. Fai una camminata

L'indaffaratissimo CEO di Buffer ama rilassarsi con una camminata veloce prima di andare a dormire. Usa questa camminata per spegnere i pensieri sul lavoro e lentamente si porta in uno "stato di stanchezza".

Per una persona sempre in moto, questa passeggiata abituale è l'ideale per rilassarsi dopo una giornata stressante. E, al di là degli evidenti effetti sulla salute, ci sono un paio di **bonus sorprendenti che arrivano piuttosto inattesi**.

Un altro studio rivela che camminare può aumentare la creatività. Mentre passeggi, stando sempre attendo a non farti falciare, la tua mente non è occupata al 100%. E questo *apre il flusso a nuove idee*. Così, quando hai un problema che non sei stato in grado di risolvere, farti una breve camminata serale potrebbe rivelarsi come l'ideale per trovare una soluzione creativa al problema.

4. Medita

Oprah Winfrey, la presentatrice americana di enorme successo, ha sempre sostenuto l'idea di meditare regolarmente. Senza dubbio ha un'agenda che la tiene piuttosto impegnata tutto il giorno, quindi quale modo migliore per rilassarsi dopo una giornata stressante che attraverso una sessione di meditazione focalizzata.

C'è spesso un pregiudizio riguardo ad essa ed un continuo dibattito sul fatto che serva a qualcosa oppure no. Ma nel 2014 un lungo studio prese in esame 19.000 casi di meditazione ed i risultati furono chiari: **meditare**

aiuta a ridurre lo stress, l'ansia, la depressione e perfino il dolore. Quindi, indipendentemente da come la pensavi finora, digerisci bene questi risultati perché i numeri non si discutono.

Aggiungo anche che, sempre a proposito di pregiudizi, meditare può essere tacciato come new-age, roba da orientali, essere fuori dal mondo, fanatici... Mi par di capire che, tuttavia, la scienza occidentale abbia dimostrato la concreta utilità di questa pratica per noi certamente poco usuale.

Quindi, così come prima di scoprire la patata ed i pomodori nessuno in Europa li conosceva ed usava, puoi fare lo stesso con la meditazione, visto che funziona così bene. Fine delle discussioni talebane.

Ti ricordo che prima che Marco Polo ci portasse la seta ed il pepe, *ci vestivamo di lana e usavamo solo sale e rosmarino...*

5. Stimola la creatività

Nel 2006 Vera Wang (una stilista statunitense di origini cinese, nota soprattutto per abiti da sposa) raccontò a Fortune che la sua routine notturna include "una buona dose di design - almeno concettualmente, se non letteralmente".

A volte la quiete della notte può essere il rimedio perfetto per una sessione di creatività

Ciò che sorprende di più è che esiste uno studio che mostra che la notte può essere il momento ideale per la creatività, anche se sei stanco morto per quanto è successo nel giorno. Una ricerca dell'Albion College rivelò che "compiti che richiedono creatività vengono svolti con più efficacia e migliori risultati durante le ore tradizionalmente meno produttive della giornata". Ovvero di notte.

Così, se fai parte anche tu delle allodole, e sei tra le persone che si alzano presto e sono super-pimpanti fin dai primi minuti, sappi che le tue migliori idee creative ti verranno giusto prima di coricarti. I ricercatori pensano che funzioni così *perché la tua mente è meno concentrata* di notte (almeno quello...).

La tua capacità di fare connessioni logiche è decisamente peggiore, ma lavora a tuo vantaggio, perché **sei in grado di vedere collegamenti tra aspetti e cose che normalmente ti parrebbero assurde** ed improponibili.

Lo stesso effetto prodotto da droghe leggere, fumo, un bicchiere di troppo di rosso... tutta roba che ti spinge per alcuni minuti ad essere meno razionale, più disconnesso e meno prevedibile. E, con i dovuti limiti, può permetterti di trovare delle perle di grande valore.

6. Pianifica il giorno successivo

Il CEO di American Express, Kenneth Chenault, adora la gestione del tempo e lo fa finendo la sua giornata in un modo molto semplice. *Scrive tre cose che vuole portare a termine il giorno successivo.* In quel modo, quando si sveglia al mattino, si può mettere al lavoro subito sulle cose più importanti della giornata, perché le conosce già in anticipo e, probabilmente, la sua **mente inconscia ci ha già lavorato sopra** tutta la notte. Gratis.

C'è uno studio dei primi anni 90 che supporta la mania di pianificazione di Chenault. I ricercatori hanno seguito un gruppo di studenti dall'inizio delle scuole superiori fino al termine dell'università, testandoli su capacità di gestione del tempo. E hanno fatto *una scoperta allucinante*.

Gli studenti con migliori capacità di gestione del tempo alle superiori ottennero dei voti migliori all'università, rispetto a quelli che erano più bravi alle superiori (ma con capacità ridotte di gestione del tempo). Questo, in soldoni, vuol dire che **saper gestire il tempo ha un ruolo più importante nel percorso accademico** che la reale attitudine scolastica.

Questo è certamente un buon motivo per cui, anche in Italia, sarebbe super importante introdurre delle sessioni di time management nelle scuole medie e superiori. Perché, mentre la conoscenza si può trovare ovunque e con ogni mezzo (basta cercarla e pagarla), la gestione del tempo è un'abitudine, il risultato di un lungo processo e, se non si inizia presto, c'è il **rischio che sia sempre troppo tardi per correggerlo in corsa**.

Ora inizia da qui

Scegli un suggerimento e prova a crearti l'abitudine di portarlo a termine ogni giorno.

Lascia però che ti dia un'ulteriore dritta perché **prima di dormire è facile dimenticarsi** di fare tutte le cose a cui non siamo abituati, incluse quindi quelle di cui ti ho parlato finora.

Il tuo primo compito sarà quindi non tanto quello di iniziare a fare qualcosa di nuovo, ma più semplicemente di ricordarti che devi farlo.

A questo scopo fatti aiutare da post-it e tecnologia. Idealmente cerca di agganciare la nuova azione a qualcosa che già fai prima di coricarti, in modo che diventi una naturale prosecuzione.

Lavarti i denti, metterti il pigiama, accendere la luce del comodino... parti da una di queste e trasformale in hook (gancio) per attaccarci la nuova abitudine da sviluppare.

Raccontami poi come è andata sulla pagina Facebook o via mail, indicando quali ganci hai usato, che difficoltà hai incontrato e quali risultati hai ottenuto.

www.facebook.com/CorsoTempoSuper/

Non vedo l'ora di condividere la tua storia e le tue esperienze sul sito con tutti gli altri lettori. Coraggio!

5+2 errori da evitare nella gestione del tempo (se non vuoi perderne ancora di più)

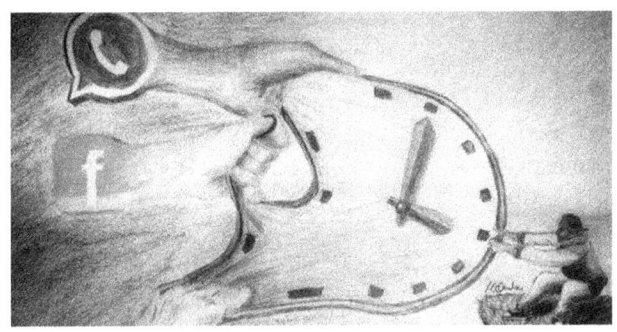

Ogni singola persona che incontro, a prescindere da sesso, età, lavoro e reddito ha in comune almeno una cosa: si lamenta di non avere mai abbastanza tempo (e di aver bisogno di qualche tecnica miracolosa per la *gestione del tempo*).

Già. Ma per farci cosa?

Alla fine, se anche avessimo 30 ore al giorno cosa possiamo inserire nelle 6 ore bonus?

La realtà, come ben sai, è molto diversa. Tutti noi, bianchi e neri, ricchi e poveri, Al Bano e Romina (scusami ma averli rivisti per caso a Sanremo mi ha lasciato scioccato) abbiamo in comune una e solo una cosa con tutti gli altri esseri umani: per ciascuno la giornata dura 24 ore.

Così, se anche tu vuoi imparare a gestire meglio il tuo tempo, devi **concentrarti solo su 2 aspetti critici**:

1. evitare di fare errori che peggiorano la tua produttività ed efficacia
2. iniziare a mettere in pratica tecniche e strategie che aumentano il tuo benessere, autostima e realizzazione professionale e personale

Non è difficile. A pensarci bene qualunque capacità vuoi sviluppare troverai sempre delle azioni da evitare, frasi da non dire, cose da non scrivere, procedure da non eseguire.

Così come troverai un'abbondanza di manuali, corsi, pdf e video di YouTube che ti dicono i passi esatti per, le tecniche migliori per, le frasi magiche per...

Anche la Gestione del Tempo non fa eccezione, ma per me essere padrone del mio tempo e riuscire a terminare ogni giorno quello che voglio è una super-competenza.

Se vuoi essere un vincente

devi saper gestire il tempo prima di ogni altra cosa

Ascoltami bene. Se vuoi ottenere risultati diversi (in ogni campo) rispetto a quelli a cui sei abituato, devi iniziare a fare azioni diverse e adottare strategie diverse.

Solo che per riuscirci devi, come si suol dire, avere più tempo. Il che è impossibile, per quanto visto sopra.

Come puoi uscire da questo ginepraio senza avere le ossa rotte e il morale a pezzi?

Per prima cosa puoi mettere in pratica il primo dei due consigli che ti dicevo poco sopra: evitare di fare errori che finiscono solo per peggiorare la tua gestione del tempo.

Te li elenco rapidamente e poi li passo in rassegna uno ad uno:

1. Non sapere cosa vuoi ottenere davvero
2. Iniziare senza un piano d'azione
3. Non prevedere dei pit-stop
4. Avere troppi bastoni tra le ruote
5. Pensare che esiste il sistema perfetto per tutti
6. Rimandare le decisioni a domani

7. Fare tutto da solo

Ora che scrivo me ne vengono in mente a tonnellate. Voglio però che ti mantieni lucido e concentrato solo su questi 5+2. Passiamo dunque alla descrizione dei singoli.

1) Non sapere cosa vuoi ottenere davvero (dalla vita e dal lavoro)

A costo di essere banale, è fondamentale che tu abbia degli obiettivi in ogni campo: lavoro, denaro, famiglia, passioni, amici… Meglio se pochi, semplici da comunicare anche agli altri e, soprattutto, davanti agli occhi ogni santo giorno.

Pensaci bene: alzarti ogni mattina e trovare in cucina un biglietto o una foto che ti ricorda a cosa stai puntando oggi è un trigger (un innesco) potentissimo per la tua mente. Ha la forza di attivare le tue energie e di farti puntare da subito nella direzione giusta.

Io stesso ho passato queste 4 fasi:

- vivevo senza obiettivi
- ho iniziato a scriverli (e annotarli con vari software)
- li ho messi in cucina in forma di post-it
- ne ho fatto una tabella con delle immagini accanto

Ti assicuro che, passando dalla prima all'ultima fase, ho notato dei miglioramenti mostruosi in termini di produttività e di efficacia. Non corro più il rischio di dimenticare quello che c'è di importante e, al contempo, tengo traccia dei miei successi quotidiani.

2) Iniziare senza un piano d'azione

Avere obiettivi senza sapere come raggiungerli nel concreto è un po' come comprare una Lamborghini ma non avere la patente. Inutile e pericoloso.

Il rischio è quello di distruggere la tua autostima nel giro di pochi giorni o settimane.

Puntare a un obiettivo senza pianificare la strada per arrivarci è come partire per Ulan Bator a piedi, senza soldi, senza mappa e telefono satellitare/gps. Puoi anche farcela, ma statisticamente è molto più probabile che non ci arriverai mai e morirai per strada ucciso da qualche brigante.

Questo implica che, una volta che hai deciso cosa vuoi realizzare nei prossimi anni, prima di dare il via alla gara, devi sederti a tavolino e pensare concretamente a quali mezzi, risorse, soldi, aiuti, competenze hai, quali devi acquisire (o comprare) e, realisticamente, basandoti sull'esperienza altrui, controllare se il tempo che ti sei dato è sufficiente o sotto-stimato.

La verità (che molti formatori non ti dicono) è che un obiettivo senza un piano di gestione del tempo e delle attività collegate è un suicidio annunciato.

Dopo poche settimane mollerai il colpo, il tuo morale sarà a pezzi e trascinerà all'inferno anche le altre attività che stavi portando avanti con discreto successo.

Ricordati e fatti un tatuaggio: ogni cedimento alle tentazioni (di qualunque tipo), ogni passaggio a vuoto in un settore è come un'ancora che viene gettata nel mare. Ti trascina a fondo senza pietà in poco tempo.

3) Non prevedere dei pit-stop frequenti

Nessuno viaggi è perfetto, nessuna rotta è una linea retta e nessun piano d'azione viene rispettato al millimetro.

È normale, è la vita. *Shit happens* dicono gli Yankee – le circostanze accadono, gli eventi contrari (e talvolta a favore) ci portano a dover fare correzioni ed improvvisazioni ogni giorno.

Figli che non stanno bene, il collega che deve assentarsi, la caldaia che perde, il cretino che ha inchiodato al semaforo davanti a te... tutto può capitare di imprevisto che ci rema contro.

(Per esempio, manco a farlo apposta, mia figlia Sofia è appena arrivata in cucina, dove sto scrivendo dalle 5:30 questo articolo, col pannolino inzuppato, il letto fradicio e zero voglia di tornare a nanna).

Tuttavia, se hai chiara la direzione, se sai esattamente che devi andare a Milano Centrale, anche se trovi la Tangenziale Ovest bloccata riprogrammi il tuo Tom Tom personale e ci arrivi lo stesso.

Il pit-stop per me rappresenta quel momento di riflessione settimanale in cui faccio come un marinaio il punto della situazione e confronto la rotta teorica con il punto-nave. In particolare:

* cerco di capire cosa e perché è andato storto
* evito che accada di nuovo (e ne tengo traccia per iscritto)
* controllo i passi successivi
* programmo giorno per giorno la settimana dopo

4) Avere troppi bastoni tra le ruote

Ascoltami bene, non vivo sulla luna e so bene che le interruzioni e le rotture di scatole che gli altri riversano su di te sono una gran scocciatura. Se non ci fossero, andrebbe tutto meglio. Questo è scontato.

Ma dire "sarebbe bello se" non ti aiuterà certamente a migliorare la tua gestione del tempo.

È invece cruciale che tu impari a limitare, contenere e, ove puoi, sterminare ogni scocciatore e ogni nemico che assedia il tuo castello. Devi preparare olio bollente e scavare un grande fossato.

Prova a fare questo esercizio: prendi nota per un paio di settimane di tutte le interruzioni che ricevi, dividendole per:

- tipologia
- persona/evento
- orario
- durata

Non è un lavoro banale, ma analizzando i dati, vedrai che per ciascuno dei punti ci sono dei vincitori che staccano di gran lunga gli altri: il collega del centralino, la moglie, il cliente paranoico, le ore del mattino, le microinterruzioni da 2 minuti...

Sii realista: inizia a cercare di debellare quelle più frequenti ed evita di fare piazza pulita di tutte nello stesso tempo. Non ci riusciresti e finiresti frustrato e incazzato col mondo intero.

Già eliminando in poche settimane il 50% di quelle principali potresti recuperare fino a 2 ore al giorno, dando un impulso micidiale alla tua gestione del tempo.

5) Pensare che esiste il sistema perfetto per tutti

Voglio farti una confessione. Quando mi sono intrippato di formazione e crescita personale un virus si è installato dentro il mio computer di bordo.

Un maledetto virus che ha scatenato una vera epidemia nel mondo della formazione.

L'ho chiamato "esiste-il-sistema-perfetto". In pratica la gente passa anni ed anni a cercare su internet il guru, il libro, il corso... che dia magicamente la soluzione ad un suo problema complesso.

Peccato che questa soluzione non esista. I parametri da gestire sono troppi, ciascuno di noi è diverso dagli altri e vive ed opera in un ambiente differente.

Tuttavia ci sono buone soluzioni che statisticamente funzionano meglio di altre e che, quando impari ad adattarle al tuo sistema, diventano perfette PER TE.

Per questo è cruciale che inizi a seguire un sistema qualunque, davvero qualunque, per alcune settimane o mesi. Lo provi, lo testi, guardi cosa funziona e cosa non va bene.

Ma all'inizio devi essere un discepolo modello: zitto e pedala.

Solo quando sarai un esperto e viaggerai col pilota automatico potrai iniziare a migliorare quel sistema. Come con l'auto: prima impari a guidare e poi fai il corso di guida veloce.

Lascia che ti racconti una storia a tal proposito.

Alcuni anni fa Giuseppe, il cugino di mia moglie, aveva iniziato a fare il gessista in Sicilia.

Sai cosa gli faceva fare il suo capo i primi giorni?

Preparare e pulire gli attrezzi alla perfezione.

Mi ricordo che tornava a casa (noi eravamo lì in vacanza) lamentandosi che "non stava facendo niente ed imparando nulla". Invece, se ci pensi bene, il suo capo stava passandogli un sistema dalla A alla Z.

E, per quanto la Z possa essere molto diversa e lontana dalla A, non è possibile raggiungerla se non seguendo tutta la scala.

Lo stesso devi imparare a fare tu. Inizia dalle basi, concentrati su quelle, eseguile alla perfezione e **solo dopo passa al gradino successivo** e, casomai, pensa a come potrebbe essere fatto meglio il gradino A che hai appena superato. Non il contrario – come succede troppo spesso.

Ora inizia da qui

Meglio non mettere troppa carne al fuoco, così ho deciso che gli 2 ultimi punti li affronterò in qualche altro post sul mio sito temposuper.com.

Tu comincia dal punto 1 e passa al successivo solo quando lo hai terminato. Potresti impiegarci anche alcuni giorni, considerando che se stai leggendo questo articolo di tempo a disposizione non ne hai molto.

Ricorda il mantra: meglio poco, subito e conosciuto a menadito che tanto, tra mesi e fatto alla carlona.

Concentrati su un aspetto alla volta e fammi sapere sulla pagina Facebook che difficoltà trovi, come le hai risolte e che risultati hai ottenuto.

Vedrai che eliminando uno per uno questi 5 errori la tua gestione del tempo migliorerà di molto e tu avrai in pochi mesi tante ore libere da dedicare a quello che ti sta più a cuore e che stai continuamente rimandando per mancanza di tempo.

Il posto #1 per raccogliere le briciole del tuo tempo (senza spendere 1 euro)

Non ho mai fatto un mistero del fatto che esistano alcune **regole e trucchi fondamentali** che ti consentono di ottimizzare al meglio l'uso del tuo tempo e che devono essere scolpite a LETTERE CUBITALI.

A tal proposito, ti consiglio di tenere sempre bene in mente tre punti indispensabili:

1) Avere una **Visione** chiara del proprio futuro è importante. Perché, come diceva Stephen Covey, ti evita di arrivare ad un punto in cui scopri *"di aver appoggiato (e salito a fatica) la scala sul muro sbagliato"*.

2) Conoscere, anche non per filo e per segno, la **Strada** per raggiungere la tua visione. Se non hai una minima idea del percorso che devi intraprendere è altamente probabile che un piccolo contrattempo, un qualsiasi problema o "sirena" (quelle di Ulisse, non della Polizia) siano sufficienti a fermarti o a portarti fuori strada.

3) Mettere in pratica il **Metodo Inverso di Pollicino**, ossia raccogliere frammenti di tempo (a basso valore) qua e là e sfruttarli per creare qualcosa che abbia un valore superiore.

Infatti tutti noi abbiamo dei momenti della giornata che definire "altamente improduttivi" è un eufemismo.

Io, come saprai, sono un pigro di natura e odio tutta una serie di incombenze che vanno dal cucinare e lavare i piatti, al fare i lavori di bricolage, al guidare l'auto (per cui mia moglie Manuela mi prende in giro dicendo che "non sono un vero uomo").

Per questo motivo ho cercato e trovato due MODI super efficaci per limitare i danni di queste **attività sciupatempo**:

1) Cerco di sfruttare al meglio i periodi di almeno 10/15 minuti per formarmi ascoltando MP3 o podcast. Carico tutto in una cartella e poi, a seconda del tempo a disposizione, metto le cuffie e via...

2) **Creo contenuti** audio o video. Ovviamente questo non è sempre possibile: ci sono situazioni e luoghi che lo consentono, invece altri no. Amen... posso sempre sfruttarli per fare telefonate o leggere.

Il luogo che preferisco in assoluto e che, per inciso, mi ha permesso di creare oltre 20 ore di formazione negli ultimi mesi, è l'AUTOMOBILE.

È probabile che ti vengano in mente alcune obiezioni al riguardo. Le più verosimili potrebbero essere:

- Come faccio a fare tutto questo senza schiantarmi?
- Quali strumenti uso?
- Cosa devi comprare ed avere sottomano per poterlo fare anche tu?

Per questo ho girato un **video tutorial** proprio dall'automobile, mentre mi recavo a Bologna per una conferenza di Toastmasters International.

Lo trovi in versione integrale nel link qui sotto e la foto che vedi è proprio la configurazione standard che uso per fare questo tipo di audio o video.

www.youtube.com/watch?v=tPBt8cXEufo

Ora inizia da qui

Per prima cosa devi guardare tutto il video, perché ti spiego esattamente quali strumenti uso, quanto costano e come devi preparare la tua "postazione mobile di lavoro". Dopodiché:

1. **Trova** un'attività o un luogo in cui tu possa fare la stessa cosa (ascoltare MP3 o registrare audio e video);
2. **Scrivi** le prime 3 informazioni che vuoi ascoltare o registrare (possono essere corsi in cui tu sei quello che impara o audio in cui fornisci informazioni ai tuoi clienti o prospect);
3. Fai un esperimento e **raccontami via mail i risultati** (e/o problemi che hai incontrato).

Se ti stai ancora chiedendo cosa c'entrano le "briciole" nel titolo di questo capitolo... è molto semplice. Pollicino le seminava, tu invece, grazie al Metodo Inverso, le raccoglierai e le userai per guadagnare tempo, creare contenuti gratis (per te) e far decollare il tuo business.

Come vedi è anche ecologico e BIO ☺

Un'arma non-convenzionale per misurare la tua produttività quotidiana

Gestire il tempo è un'abilità fondamentale per affrontare ogni giornata con equilibrio, per dosare le energie e per sfruttarle al meglio. Per molti, la capacità di organizzarsi è una dote innata, mentre per altri è una virtù che può essere affinata con l'esperienza.

Quel che è certo, comunque, è che - senza un minimo di organizzazione - non potremmo districarci nella foresta degli impegni quotidiani e, soprattutto, non saremmo in grado di calibrare il tempo dedicato al lavoro e quello necessario a rilassarsi e coltivare i propri hobby.

Il problema è ancor più complesso per **chi vive il proprio lavoro come una vera passione** e fatica a scindere l'area professionale da quella personale.

Voglio raccontarti la mia esperienza, nella speranza che possa esserti d'aiuto nel ritrovare il tuo tempo insieme ai numerosi suggerimenti pratici che il mio amico Davide Rampoldi ti propone in questo nuovo libro e che ti invito a seguire mettendo da parte lo scetticismo che talvolta potresti avere.

Il mio vero problema è che non ho orari. È una situazione che possono capire perfettamente tutti i freelance. In una giornata lavorativa:

- non esistono limiti di tempo, se non quelli dettati dalle scadenze dei task;
- non ci sono pause, se non quelle che prendiamo in autonomia;
- non dobbiamo timbrare nessun cartellino e le giornate possono essere infinite, se non siamo noi a decidere di chiuderle.

È una condizione che ha i suoi pro e contro, ma è innegabile che sia difficile da gestire. Chi lavora in autonomia passa buona parte del proprio tempo a organizzare il lavoro e pianificare i tempi, ma - per qualche strana ragione - la sua giornata finisce sempre con la fatidica frase:

Sì, ora chiudo... Fammi controllare solo una cosa, poi stacco...

Il problema è che, rispetto al lavoro, viviamo una condizione molto simile alla dipendenza e che siamo, proprio come sosteneva Wayne Edward Oates, "workaholic" - quelli, cioè, che non riescono a staccarsi dal tablet nemmeno sotto l'ombrellone.

Eppure in questo modo il rischio è altissimo. Non gestire in modo efficiente il proprio tempo significa trovarsi costantemente in situazioni d'affanno ed essere costretti a **diminuire la propria produttività per mancanza di energia e concentrazione**.

Il tempo e lo stress sono due misure inversamente proporzionali: quando manca il primo, il secondo aumenta. Se ci accorgiamo di essere in ritardo, la sensazione di "non avere più tempo" ci assale e il panico prende il sopravvento.

La verità, però, è che il tempo non subisce variazioni e non può finire prima del previsto! Al contrario, si può dire che sia una risorsa pienamente democratica perché è uguale per tutti. A fare la differenza è piuttosto la nostra capacità di organizzazione. Un approccio strategico permette di capire come sfruttare al meglio ogni minuto a disposizione, riducendo gli sprechi e puntando sulla qualità più che sulla quantità.

Una buona organizzazione incide sui risultati di business, ma non solo! Sapere di aver speso bene il proprio tempo permette di aumentare l'autostima e il benessere. E se nell'arco della giornata si riesce a ritagliare anche lo spazio per i propri hobby, il risultato sarà ancora migliore.

Personalmente, credo che il tempo dedicato alle proprie passioni sia importantissimo ed è per questo che ho sviluppato un criterio per la gestione del tempo che prevede la distinzione tra i momenti dedicati al lavoro e quelli che ritaglio per me stesso: per studiare, per aggiornarmi, per fare networking incontrando e conoscendo nuovi amici, per fare tutto quello che amo e che mi aiuta a stare meglio.

Ero alla ricerca di un metodo utile a organizzare le mie giornate in modo già da un po' e, per farlo, ero sicuro di dovermi dimenticare l'orologio e la scansione del tempo a cui siamo abituati. Così ho iniziato a pensare a me, al mio fisico, alla materia che lo compone.

Ho inventato un modo per gestire il tempo che mi permette di **fare tutto senza affanno, semplicemente ascoltando il mio corpo.**

È un metodo piuttosto semplice e tutt'altro che tecnologico. Quando si tratta di lavoro che devo svolgere in autonomia (escludendo quindi le riunioni e gli appuntamenti) mi limito ad avere sempre con me una bottiglietta d'acqua e a calcolare la mole di impegni in relazione alla quantità di liquidi introdotti nell'arco della giornata.

È un'idea che mi è venuta all'improvviso, mentre guardavo il bicchiere d'acqua che stazionava sulla mia scrivania da ore. So bene che ogni nutrizionista consiglia di bere almeno due litri al giorno, ma non avevo mai realmente pensato all'importanza che l'acqua svolge per il funzionamento dell'organismo, a come il suo apporto sia indispensabile per svolgere ogni azione al meglio.

Il nostro corpo è costituito per la maggior parte da acqua, con una percentuale che varia dal 50% al 75% a seconda dell'età. Senza non possiamo vivere né lavorare. E siccome tutti noi ne sfruttiamo una certa quantità al giorno, ho provato a fare due calcoli. Andiamo per ordine.

La giornata è composta di ventiquattro ore, di cui almeno otto dedicate al sonno e sedici impiegate per le altre attività. Normalmente, dedichiamo almeno metà della giornata a lavorare.

Gli specialisti consigliano di bere almeno due litri d'acqua al giorno per mantenere l'organismo in salute. Date queste informazioni, è possibile calcolare quanta acqua viene utilizzata per ogni compito nell'arco della giornata?

Se il tempo dedicato al lavoro equivale a metà delle ore che passiamo svegli, possiamo ipotizzare di dimezzare anche l'acqua e distribuirla in questo modo: metà dell'acqua totale per la metà delle nostre attività quotidiane. In questo modo, la quantità di lavoro che è possibile svolgere in **una giornata equivale a un litro**, dunque una bottiglia, d'acqua.un

Utilizzando questa unità di misura, il tempo impiegato per le attività professionali può essere sfruttato al massimo, senza perdersi in difficili calcoli con le lancette.

Da quando ho iniziato a scandire le mie giornate in relazione alla quantità di acqua, ho imparato a conoscermi molto di più. Oltre a essere in linea con i suggerimenti dei nutrizionisti, l'abitudine di bere con costanza e calcolare in questo modo i tempi mi sta rendendo la vita molto più facile.

Non ho intenzione di ridurre il mio impegno, al contrario cerco di distribuirlo nel modo corretto. Riservando al lavoro metà della mia acqua posso dedicare ad esso buona parte della mia persona. Ciò che adesso lo rende davvero produttivo è che non si tratta più solo di "tempo passato a lavorare", ma di energia vera e propria che può essere positivamente dedicata ai progetti.

Una volta finita la bottiglia da un litro, sono pronto a berne uno nuovo - curioso di scoprire cosa mi riserverà il tempo che gli dedicherò!

Questo è il metodo con cui ho imparato a gestire me stesso e le mie risorse, trovando il tempo per fare tutto. Con serenità.

Un sorriso.

Jacopo Guedado Mele – www.guedado.it

Parte 2

STRUMENTI

Scarica i BONUS di questo libro

www.velocesenzacorrere.it/bonus

I migliori strumenti online per condividere il lavoro (quasi gratis)

Questo capitolo è nato per rispondere a una domanda che mi arriva di frequente, soprattutto tramite email: **quali sono i migliori strumenti**, gratuiti e non, che posso avere a disposizione online se voglio incominciare a collaborare con dei professionisti o dei partner?

Soprattutto senza investire una follia, visto che probabilmente stai ancora creandoti la tua rete di freelance e segretarie virtuali… e non avrebbe senso buttare via una vagonata di euro senza alcuna certezza del risultato.

Vediamoli subito. Quasi gratis, ok?

Strumento 0 – Impara ad usare la mail

Per prima cosa, devi mettere in conto che per dare delle indicazioni a questi collaboratori, sarà importantissimo l'utilizzo della mail.

In realtà, però, non basta, perché a molti di questi collaboratori potrebbe essere sufficiente dare indicazioni per mail, ma con altri, più diventa complesso il sistema, tanto più devi velocizzare il processo.

Tanto più dimestichezza hai con la lingua, tanto più io ti consiglio l'inglese – perché molti di questi collaboratori sono di madrelingua inglese o, comunque, tutti lo parlano.

Per velocizzarti al massimo, l'unico strumento che hai è quello di parlare con loro. Puoi utilizzare il telefono, ma se i collaboratori si trovano in America o in India o in Cina o in Pakistan, rischia di essere un bagno di sangue e nessuno di loro ti fornirà mai un numero da chiamare.

Strumento 1 – Crea un account dedicato su Skype

Come? Vai su Skype e registrati con una mail dedicata, che potrai utilizzare per chiamare e parlare con tutti questi collaboratori. È molto semplice e potrai addirittura fare delle *conference call con più utenti simultanei.*

www.skype.com

Così potrai effettuare conversazioni a costo zero e, in aggiunta, ti consiglio anche un software che si chiama Evaer. È, di fatto, un registratore per Skype (www.evaer.com) e ti permette di **registrare sia l'audio che il video**, anche su due tracce differenti. Il che è l'ideale se devi fare delle interviste.

Di solito le comunicazioni con queste persone si fanno in audio, non in video – anche per la pessima qualità delle linee in Italia – però, se devi dare delle indicazioni che potrebbero essere travisate, con Evaer potrai effettuare una registrazione che poi, potrai inviare al tuo collaboratore, in modo che possa registrarsela e riascoltarsela.

Skype è fondamentale. Puoi utilizzare anche la chat ma per brevi indicazioni. Puoi fare come faccio io, che mi prendo dieci o venti minuti alla settimana per dare indicazioni alla mia segretaria virtuale.

Io e la mia assistente facciamo circa 15 minuti di conversazione alla settimana – pensa quanto tempo tu parli normalmente con la tua segretaria – su Skype e, a noi, basta e avanza.

Strumento 2 – Dropbox e Google Drive

Se tu devi lavorare con dei collaboratori è bene che tu abbia un contenitore di informazioni condiviso. Ce ne sono di vari tipi.

In generale, possono essere raggruppati in due macro-categorie: un contenitore di file e uno di dati. Per contenitore di dati potremmo intendere un CRM, un gestionale, un programma di project management.

Ma questo è già troppo complesso: dovremo vedere caso per caso e lo faremo in un altro libro o post.

Quello che ti consiglio è un repository, cioè una cartella che sia condivisibile con gli altri tuoi collaboratori ed alla quale tutti abbiate l'accesso, con determinati permessi, in tempo reale e da cui possiate vedere le ultime versioni disponibili di determinati file.

Il principe di tutti questi strumenti, che ormai è diventato uno standard e che ti consiglio – tra l'altro ultimamente ha anche diminuito in maniera sensibile il suo costo, la versione illimitata costa 99 euro l'anno – è Dropbox.

www.temposuper.com/vai/dropbox

Tu con Dropbox puoi condividere tutti i file che vuoi e con tutti i collaboratori che vuoi. I file vengono *sincronizzati in tempo reale* tra le modifiche che fai tu e quelle che fanno loro, e ciascuno di voi, aprendolo, può arrivare e vedere la versione più aggiornata dei file.

Simile a Dropbox, ma con un comportamento un po' diverso, che potrebbe essere più utile in certi casi e meno utile in altri, è **Google Drive** che, tramite Google Docs, ti permette di fare qualcosa in più rispetto a Dropbox.

Ti consente di vedere le modifiche che si stanno succedendo in un documento in tempo reale. Immagina di aprire Excel e che, nel frattempo, lo apre anche il tuo collega.

Mentre su Dropbox tu vedresti dei file bloccati che non si sincronizzano – come se fossi in rete locale – su Google Drive, invece, vedi le modifiche mentre sono effettuate da te o dal tuo collaboratore.

Se però dovessi scegliere tra i due, ti consiglierei di utilizzare Dropbox. Google Drive è leggermente più complesso.

Strumento 3 – Upwork

Questo strumento è, in realtà, quello da cui dovresti partire, ed è il portale numero uno da dove poter reclutare dei dipendenti. Fino a un po' di tempo fa i portali erano due: Elance e Odesk. Recentemente si sono fusi e hanno scelto un nuovo brand.

www.Upwork.com

Io ho sempre utilizzato principalmente Upwork e te lo consiglio. È molto semplice, comodo ed ha un grandissimo vantaggio: manda **una fattura unica ogni settimana**, con i lavori di tutti i collaboratori, che puoi scaricare senza alcun tipo di vincolo o problema legale.

La piattaforma di Upwork ti consente di filtrare tra innumerevoli professionisti a disposizione su internet.

All'interno di uno degli audio che ho creato recentemente, ti ho spiegato anche quali sono le procedure e i *vantaggi dell'utilizzo dei collaboratori online* e come utilizzare al meglio questa piattaforma in maniera molto rapida.

Strumento 4 - Fiverr

Un'ulteriore piattaforma che ti consiglio è Fiverr.com: ti mette a disposizione dei professionisti e la cosa originale è che questi utilizzano un servizio base che vendono ad un costo di 5 dollari.

www.fiverr.com

Il modello di business è vendere un qualcosa a 5 dollari e, se tu ti trovi bene, ti possono vendere dei prodotti ad un costo molto superiore.

Io, in realtà, e molte altre persone, utilizziamo Fiverr per delle collaborazioni occasionali, **soprattutto di grafica, design, loghi**, oppure per fare pubblicità su internet o per sistemare alcuni aspetti relativi ai siti internet o per fare delle piccole traduzioni.

Fiverr è ottimo per le collaborazioni molto brevi, anche perché nel caso di collaborazioni più lunghe, il processo di fatturazione diventa più difficile. Fiverr non fa fatturazione, devi pagare tutte le volte tramite PayPal e non puoi tracciare, cioè, paghi il lavoro a risultato e lo paghi in anticipo, mentre Upwork ha un meccanismo di funzionamento del tutto diverso.

Upwork ti consente di pagare a ore oppure a risultato e **puoi anche controllare cosa fanno** le persone dall'altra parte, cosa che con Fiverr, pagando solo a risultato, non ha nemmeno molto senso.

Strumento 5 - Trello

L'ultimo strumento che ti consiglio di utilizzare è Trello, un servizio cloud, quindi basato su internet, che può essere utilizzato in tanti modi. Alcuni lo utilizzano come check list, ma non te lo consiglio da questo punto di vista.

www.temposuper.com/vai/trello

Invece te lo consiglio come software, molto semplice e personalizzabile, di **project management**. Tu puoi creare delle schede collegate a determinate attività e progetti, per ciascuno dei quali creare delle sotto-schede e delle sotto-attività che potrai assegnare a uno o più collaboratori.

Potrai agganciare a tutto questo dei file, potrai dare delle scadenze, vedere lo stato di avanzamento dei lavori ed è utile perché queste attività sono facilmente spostabili da "Fatta" a "In corso", puoi cancellarle, archiviarle, far vedere che sono state effettivamente portate a termine.

Se hai *progetti piuttosto semplici da coordinare* e non hai troppi stati di avanzamento dei lavori o troppe persone coinvolte, Trello è fantastico perché è molto rapido, ha delle applicazioni molto ben fatte per gli smart-phone e per i tablet, è molto intuitivo per qualsiasi collaboratore e, in due secondi, ti permette di creare un progetto e una serie di attività collegate e di avere, visivamente, lo stato dell'arte del tuo progetto e di avanzamento dei lavori.

Te lo consiglio proprio per tenere sott'occhio come si stanno comportando i tuoi collaboratori. Soprattutto quelli occasionali. Funziona un po' meno per le attività ricorrenti, per le quali ci sono dei tools più raffinati.

Strumento BONUS – RescueTime

Questo non è tanto uno strumento legato all'utilizzo dei collaboratori online, ma di quelli che tu hai in azienda e, in particolare del collaboratore più grande che tu hai, cioè te stesso. Si chiama Rescuetime.

www.temposuper.com/vai/rescuetime

È un servizio su internet e, la parte interessante, è che tu puoi installarlo sul tuo pc. Questo programma, su cui ho fatto un apposito training gratuito (v. link qui sotto), tiene monitorati tutti i siti che tu guardi – nel massimo rispetto della privacy – e li cataloga in funzione di un certo livello di importanza.

www.youtube.com/watch?v=-z3agPlUJ9U

Tu potresti catalogare Facebook, dal momento che nove volte su dieci non viene utilizzato per creare del business ma per cazzeggiare, dandogli un grado di importanza pari a zero.

Facebook è, dunque, un *drenatore di tempo*.

Invece, se stai utilizzando Excel, potrai catalogarlo come una via di mezzo, un qualcosa di neutro o di leggermente positivo.

Se stai usando un software che ti serve a creare delle campagne di marketing o per gestire le email marketing, siccome fanno parte di quelle **attività strategiche** che vanno in leva e portano **benefici a medio e lungo termine**, potresti catalogarlo come molto importante.

Quindi, fatto salvo il fatto che tu, all'inizio, debba catalogare questi software o siti, a regime – e per arrivarci ti serviranno pochi giorni – il programma ti dirà settimana per settimana, giorno per giorno, mese per mese, quanto tempo avrai dedicato a ciascuna di queste attività.

Quindi ti darà un'idea macroscopica di quanto tempo, ad esempio, avrai dedicato alla gestione delle mail.

La prima volta che l'ho fatto io mi sono detto:

Ma davvero ho tenuto aperto Gmail 14 ore in una settimana?

E non sbaglia! A meno che tu non abbia dimenticato aperta l'email, non sbaglia affatto. Tu, in questo caso, puoi anche modificare manualmente i dati per farli tornare a posto.

Diventa molto importante l'utilizzo di Rescuetime per capire, settimana dopo settimana, **come tu stia utilizzando il tuo tempo sul pc** e, volendo, tiene traccia manualmente anche di tempo extra.

Ti dice se stai utilizzando il tuo tempo per cose interessanti, medie o inutili. Rescuetime è la risposta migliore che io conosca, è un servizio sia gratuito che a pagamento (poche decine di euro all'anno), che ti fornisce tutte le risposte di cui hai bisogno per tenere monitorate le tua attività o quelle dei tuoi collaboratori al computer, nel massimo rispetto della privacy.

Tirando le somme sugli strumenti online di collaborazione...

Ci sono tanti altri software e tool di condivisione o di gestione dei collaboratori, magari anche migliori di questi, che potresti utilizzare. Io ti ho consigliato questi perché li utilizzo in prima persona da anni, li conosco bene, mi fido e credo che, per delle persone che hanno un'azienda medio piccola o per dei liberi professionisti, siano i più semplici ed abbordabili dal punto di vista del costo.

È inutile fare investimenti mostruosi in termini di denaro quando non hai un bacino d'utenza disposto ad assorbire questo tipo di costo, o *complicarti inutilmente la vita* per imparare ad usare dei software di cui utilizzerai il 10-15%.

Questo non ha senso, piuttosto potrai cambiarlo tra qualche anno, tanto se i tuoi collaboratori dovranno gestire dei progetti o contatti, sarà tutto esportabile. Oppure non ti servirà nemmeno più farlo, tranne l'elenco dei tuoi clienti.

Sicuramente questi software si evolveranno e ne usciranno di migliori. L'importante è tenere sempre gli occhi aperti su internet, perché i miglioramenti sono veramente costanti; come per il tuo lavoro.

Ora inizia da qui

Se ancora non lo hai fatto leggi i primi 2 capitoli del mio libro *"I segreti militari per gestire il tuo tempo come un sergente istruttore"*, nel quale ti insegno alcune semplici **strategie per smettere di rimandare** le azioni importanti e **pianificare al meglio** i prossimi passi, senza errori né perdite di tempo e denaro.

www.temposuper.com/vai/libro/

Adesso mettiti al lavoro. Scegli uno di questi strumenti, testalo e fammi sapere sul blog o sulla pagina Facebook cosa ne pensi, quali risultati hai ottenuto usandolo o che problemi hai riscontrato.

Se poi hai altri software di cui sei un utente soddisfatto, mandami una tua recensione, così potrò mantenere aggiornata questa pagina:

www.temposuper.com/i-migliori-strumenti-online-per-condividere-il-lavoro-quasi-gratis

Come puoi lavorare meno, meglio e guadagnare perfino di più

C'è un problema decisamente spinoso che affligge molti professionisti e molti imprenditori che, paradossalmente, hanno più clienti di quelli che riescono o riuscirebbero a gestire.

Vista la contingenza economica, sembra **quasi assurdo che possano esistere casi di questo tipo**. In realtà, però, ti assicuro che ce ne sono. Se tu lavori bene, sarai sicuramente un professionista di questo tipo.

Penso agli amministratori di condominio...

Sono una categoria dove c'è un turnover piuttosto elevato perché una volta che l'amministratore ti ha preso come cliente smette di comportarsi bene nei tuoi confronti e comincia a non farsi più trovare, nemmeno al telefono. O no?

E così è con gli avvocati, con i commercialisti, con i liberi professionisti in generale, ma anche con le aziende; una volta che ne diventi cliente, rischi di essere dimenticato dopo i primi mesi o anni.

In realtà, nonostante questo servizio non sia così eccellente, **la qualità** media del competitor **è talmente bassa** o livellata verso il basso che tu riesci comunque ad avere persone che ti contattano (i cosiddetti *lead*) per avere dei preventivi o delle consulenze da te.

Vogliono diventare tuoi clienti. E allora succede che, come è successo ad alcuni miei clienti, devi iniziare a dire "NO". Ricevi delle telefonate ma non hai abbastanza risorse e non puoi ingrandirti.

L'altro grosso problema è che per quanto uno possa lavorare male o essere super impegnato, per quanto possa lavorare dieci o dodici ore al giorno, ha trovato un suo equilibrio psicometabolico e psicologico all'interno dell'organizzazione dello studio e, per quanto si lamenti, in realtà è una situazione che gli va bene.

Non riesco ad accettare nuovi clienti, perché farlo mi scombussolerebbe il tutto. Non riesco ad inserirli all'interno dell'azienda, perché non avrei personale da dedicare a loro.

In questi **2 video** ti spiego esattamente **cosa puoi dire e fare** per bypassare questo problema.

1) Come aumentare i clienti e trovare quelli in target, senza perdere tempo con gli scocciatori

https://vimeo.com/121247182

2) Come ottenere più clienti e realizzare la tua vita ideale anche se la tua professione è ancora agli inizi

https://vimeo.com/121244378

Mettiamoci però nella peggior condizione possibile, ossia dando per scontato che questo non ti interessi e quello che vuoi è mantenere le dimensioni attuali perché ti danno una certa sicurezza.

Da dove puoi iniziare a migliorare il tuo flusso di lavoro e di denaro

Se segui quello che ti dico potresti arrivare a due risultati.

- Lavorare di meno e guadagnare lo stesso.
- Lavorare di più e guadagnare di più.

È a scelta tua, preferisci più tempo o più soldi?

Ecco come farlo: è molto più semplice di quello che tu immagini.

Facciamo un esempio molto concreto: **immagina di avere dieci clienti**, alcuni dei quali ti danno un importo medio, quindi si trovano nella fascia centrale di un'ipotetica gaussiana (v. immagine sotto). Questi clienti si comportano, più o meno, nello stesso modo, e poi ci sono delle parti iniziali e terminali, in cui hai dei buoni clienti oppure pessimi.

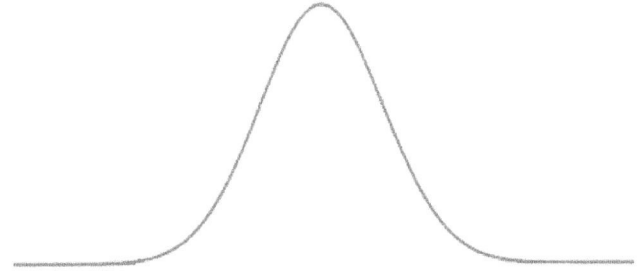

Ci saranno i clienti che ti danno e ti rendono molto e i clienti che ti danno e ti rendono poco. Immaginando di avere queste tipologie di cliente, ne potresti avere 2 nella parte alta, 6 nella parte centrale e 2 nella parte bassa.

Se ti arrivano dei nuovi clienti (e sei troppo preso), tu normalmente gli dici di no, perché **non riusciresti a gestirli**.

Ascoltami bene: dire di NO, a prescindere, quando qualcuno ti sta facendo una richiesta è una follia, non ha nessun senso o giustificazione.

Potresti, in questi casi, alzare la posta e dire: *"è bellissimo venire con te, però, visto che sei stato tu a cercarmi, il mio prezzo è superiore"* – magari un 20% in più rispetto al prezzo normale.

Come parametrare un prezzo fuori mercato?

Devi guardare com'è catalogato il cliente nuovo che si sta proponendo, non rispetto alla fascia alta, ma rispetto agli ultimi 2 dei 10 clienti.

Prendendo l'esempio degli amministratori di condominio: se ti arrivasse una proposta da parte di un condominio di un certo tipo, dovresti collocarlo all'interno della tua scala – quanto più è in alto, tanto meglio è – e la situazione peggiore che tu potrai avere è che questo cliente abbia un valore vicino alla coda della tua gaussiana.

È un cliente che anziché 10, come potrebbe essere l'ultimo dei tuoi clienti, vale 11, o magari anche gli stessi 10 euro (dove 10 è un valore standard, giusto per farti l'esempio).

La proposta che tu dovrai fargli è la seguente:

Visto che tu mi vali dieci o undici, per me non ha senso sostituirti, perché ciò avrebbe per me un costo. Se devo farlo, tutto questo mi deve portare un beneficio.

Quindi, mettiamo il caso che dieci sia il minimo che mi attendo dalla sostituzione, andrò a chiedergli dodici o tredici, quindi **un 20% in più rispetto al cliente che sono disposto a sacrificare**.

E gli propongo questo, molto semplicemente.

1. Identifico un sostituto ideale di questo cliente, all'interno della mia gaussiana
2. Incremento il valore di questo ipotetico sostituto del 10, 15, 20%
3. Gli faccio un preventivo

Se non lo faccio, devo comunque capire se questa persona o questa azienda o questo condominio sia disposto, pur di avere me, a spendere il 20% in più.

Se il cliente dice di SI, è fatta. Sei più ricco o più libero.

Anziché dire di NO a prescindere, motivando la scelta con il fatto di avere già troppi clienti e dicendo che non riusciresti a seguirne bene un altro, potresti dire: "ho già troppi clienti, **posso sostituire alcuni di loro con te, ma** sono disposto a farlo – e lo farò bene, perché sei arrivato a me per interposta persona – **alle mie condizioni**".

La condizione più semplice che tu possa dettare è il prezzo.

Poi potranno esserci ulteriori condizioni su come interagire con te, su come telefonare etc., però, il prezzo è un parametro molto semplice e molto facilmente comprensibile da parte di tutti. Ed è tutto qui.

Non devi dire di no, ma fare due conti prima, identificare l'ipotetico sostituto e, anziché scaricare a prescindere questo cliente, tu gli devi dire: "Caro signore, da domani, se vuoi lavorare con me, queste sono le condizioni e questo il mio prezzo, che è superiore del 20% rispetto al mercato".

Molto probabilmente lui ti dirà di sì o, statisticamente, avrai davvero poche defezioni (se negli anni hai sempre lavorato bene e seriamente).

Tu, dall'altra parte, **avresti comunque scaricato un cliente**. Invece, portandoti a casa un contatto con un 20% sul prezzo in più, darai una bella rinfrescata al tuo parco clienti e, nel contempo, comincerai a guadagnare di più.

Mantenendo le ore immutate, potresti guadagnare di più in termini di fatturato, oppure decidere di rinunciare a clienti più piccoli perché vuoi avere delle ore più libere per te. È molto semplice.

Tutte le volte che ti capiterà un'occasione del genere, non scaricare più i clienti a prescindere, ma ricordati assolutamente di quello che ti ho detto.

Altrimenti, se ti ostini a dire di no a dei potenziali clienti a prescindere, giuro che **ti cancello dalla mailing list** e dalle mail e articoli del blog che ti sto spedendo, perché vuol dire che non hai capito nulla di come si gestisce un'azienda e di come si fa business adesso, con le nuove regole, dove il marketing costa moltissimo, dove la vendita conta moltissimo e dove la qualità del prodotto, purtroppo, conta ancora ma è difficilmente percepita.

In realtà penso che, quasi certamente, sei un predestinato

Perché se ti trovi nella situazione di cui ti ho parlato in questo capitolo è probabilmente perché qualcuno ha apprezzato la tua qualità, quindi, tanto di cappello a te che hai costruito l'azienda in maniera tecnicamente ineccepibile per erogare un certo tipo di servizio.

Tuttavia devi **migliorare anche dal punto di vista del marketing** e della parte commerciale perché, soprattutto con le nuove regole, sono delle competenze fondamentali che tu devi sviluppare per mantenerti al passo con i tempi e continuare a mantenere florida e redditizia la tua azienda o la tua professione.

Quindi, ricordati, non dire di no a prescindere, valuta, alza il prezzo del 20% e, mal che vada, non avrai preso nessun nuovo cliente.

E se hai delle trattative ancora aperte?

Se avevi delle trattative aperte e qualcuno ti aveva chiamato qualche giorno fa per chiedere la tua consulenza, non disperare.

Prendi in mano il telefono dopo aver riascoltato un paio di volte quello che ti ho detto e, se sarai fortunato, non avranno ancora scelto nessuno. Digli piuttosto:

Scherzavamo prima, ci abbiamo ripensato. Guarda, abbiamo introdotto una persona in più nello staff, per cui adesso possiamo seguirti secondo i nostri standard abituali.

Datti una possibilità, **fai almeno un test**. Mal che vada ti diranno di no... 0 a 0 e palla al centro.

Ma **se ti diranno di SI**, tu dovrai prenderti un impegno morale: dovrai mandarmi una mail o venire sulla pagina Facebook di Temposuper e raccontarmi per bene la tua esperienza e il tuo successo commerciale.

Questo è un modo molto importante e nel quale credo tantissimo, per fare rete, per crescere tutti insieme, per ottimizzare le risorse e **motivarsi a vicenda in questo momento così complesso** e difficile in cui ogni nuovo cliente che ci arriva è veramente una benedizione.

E con questo ho davvero vuotato il sacco...

Ora inizia da qui

Se avevi delle trattative aperte, mi raccomando, torna indietro e riaprile. Se hai dei dubbi e non vuoi farlo, chiamami che le faccio fare io al mio team al posto tuo. Devi soltanto darmi i riferimenti e poi ci sistemiamo con le commissioni.

Non sto scherzando, così ti dimostro che la cosa è assolutamente fattibile anche nella tua situazione specifica.

Ora gambe in spalla e pedalare. Riguardati questi due video e poi inizia a fare telefonate ai tuoi clienti e prospect senza mollare fino a quando non hai ottenuto un SI o un NO.

https://vimeo.com/121247182

https://vimeo.com/121244378

9 Modi low-cost per migliorare il supporto clienti (senza stravolgere il tuo business)

Il supporto clienti può creare o distruggere qualsiasi attività commerciale; quindi è sempre meglio andare al di là del dovere o della qualità minima accettabile.

Fare *overdelivery* è uno dei modi più sicuri per contribuire a **creare un popolo fedele di appassionati**.

Se la tua azienda è un nuovo brand o anche se tu sei in giro da un po', l'assistenza clienti è qualcosa che può (e deve) sempre essere migliorata.

Ricorda che i tuoi clienti sono persone che si aspettano e meritano il tuo rispetto, assistenza e gratitudine.

Ecco 9 modi per migliorare immediatamente l'assistenza clienti, senza che tu debba per forza stravolgere il tuo modello di business o introdurre dei processi complessi, lunghi e costosi.

1. Sii Positivo

Vuoi che la tua azienda faccia sentire le persone speciali? Potrai realizzare questo apparendo desideroso di risolvere i problemi dei clienti.

Qualsiasi tipo di atteggiamento sarcastico, osservazione scortese, o tono condiscendente può costare un cliente e le future vendite.

Si dice che un cliente, in media, è probabile che **condivida un'esperienza di supporto**

* eccezionale con un massimo di 3 persone
* fino a 20 persone se l'esperienza di supporto è stata scadente

Assicurati quindi che ogni esperienza sia piacevole – anche se si tratta di una richiesta di rimborso.

Ecco alcuni modi per apparire e dimostrarsi una persona positiva ed orientata ai bisogni del cliente:

1. Salutare sempre i tuoi clienti con un caloroso benvenuto e un sorriso.
2. Aiuta i clienti a chiedere aiuto (es: Avete delle domande? C'è qualcos'altro che posso fare per aiutarti?)
3. Cerca di capire il cliente insoddisfatto. (es: Mi dispiace per il disagio che stai subendo)
4. Dì sempre grazie.
5. Sii paziente.

2. Definisci le aspettative

Non lasciare il tuo servizio clienti al caso. È una buona e **vantaggiosa idea sia per il tuo team sia per i clienti** se c'è un livello di aspettativa.

Ci sono alcuni PARAMETRI in base ai quali tarare i rapporti con i clienti e con il tuo team, ma sii cortese (e risoluto) a prescindere.

- Concedi sconti solo a coloro che li meritano.
- Assicurati che ad ogni e-mail venga data una risposta entro 4 ore.
- Se si utilizza chat dal vivo, il tempo di risposta dovrebbe essere sempre meno di 1 minuto.
- Offri omaggi (sconti, prodotti gratis) per i clienti che si agitano.
- Sii presente durante l'interazione con i clienti. Verifica e chiarisci l'informazione che stai ricevendo prima di agire.

3. Offri una Live-Chat

Questo strumento crea molta fiducia e reputazione, ed è anche di aiuto per aumentare le vendite.

Molte aziende confidano che già la prima settimana in cui hanno introdotto una chat dal vivo sulle pagine di vendita, **hanno avuto il record di vendite**. Molti clienti inoltre hanno lasciato recensioni positive elogiando queste aziende per la comodità della nuova live chat.

Ci sono molti fornitori di live-chat, tra cui:

- SnapEngage
- Live Chat
- Zopim

Tutti consentono di impostare la comparsa della finestra della chat dopo un certo lasso di tempo ed è possibile anche impostare diversi tipi di saluti che appaiano ai tuoi visitatori, che ti consentono di vedere quale ottiene il maggior numero di interazioni.

SnapEngage mi piace particolarmente perché ti mostra la posizione, l'ora e il momento in cui ogni persona interagisce con te.

Questo significa che è possibile personalizzare l'esperienza con qualcosa di semplice, ad esempio dicendo "buongiorno" o "buona notte" o "si sta all'asciutto là fuori oggi?» al momento opportuno.

Questo può mettere le persone a proprio agio e disarmare i clienti potenzialmente conflittuali.

4. Mostra chiaramente l'orario di lavoro

La gente ha bisogno di sapere esattamente come e quando si può mettere in contatto con te.

Mostra le tue ore di lavoro e di assistenza ai clienti in maniera ben visibile nella pagina dei contatti, in home page o in qualsiasi posto che è probabile che i tuoi clienti vedano durante la loro prima visita.

Un posto altrettanto efficace per farlo è nella firma o disclaimer della tua email.

5. Rendi più facile trovare i tuoi contatti

Se sei un digital marketer o hai un'azienda con un sito web, la tua pagina di contatto deve essere chiaramente **visibile dalla homepage** del tuo sito web.

La gente là fuori, specie quella che non ti conosce ancora, vuole essere certa che dietro tutto quello che offri ci sia una persona in carne ed ossa e che sei disponibile ad aiutarla in caso di problemi o dubbi di ogni tipo.

Alla fine della giornata, un'azienda ha bisogno di fare soldi, è vero, ma in primo luogo c'è il servizio, in modo da essere utile, trasparente e guadagnare rispetto e credibilità.

6. Offri un numero di telefono / Servizio di messaggio vocale

Ci sono ancora alcune persone che **non si fidano delle e-mail o delle chat** e preferiscono entrare in contatto con qualcuno via telefono. Nel caso in cui ci sia un interesse urgente, una risposta solo via email non è abbastanza veloce per alcune persone.

Offrire un numero di telefono o servizio di messaggio vocale è una grande pratica per costruire la fiducia e un forte segno di buona fede per i clienti esistenti e potenziali.

7. Prepara una FAQ

Includi sempre una sezione FAQ (domande frequenti) per la tua azienda e per i tuoi prodotti. Le persone sono alla disperata ricerca di risposte e un modo per soddisfare tutto questo è anticipare le loro domande.

Raccogli il maggior numero possibile di FAQ per il tuo sito. Inizia chiedendo al tuo team quali **domande comuni ricevono** quotidianamente riguardo ai tuoi prodotti e servizi.

Qui ci sono alcune domande a cui puoi considerare di rispondere in una sezione FAQ:

- Come installare?
- In quanto tempo vedrò i risultati?
- Quali sono i vostri orari di lavoro?
- Elenco delle misure per correggere gli errori più comuni.
- Come iniziare per la prima volta?
- Come è _____ diverso da altri sistemi?
- Quali requisiti mi servono per il tuo prodotto o servizio?
- Può _____ utilizzare il sistema? (Avvocati, uomini, donne, studenti, etc.)
- Chi è _____ (nome del fondatore, proprietario o azienda) e dove ha fatto _____ (nome del sistema, il nome del servizio, etc.) proviene da?
- Può il _____ (Nome del sistema, prodotto o servizio) consente di _____? (Risolvere il problema comune degli utenti)

Includi un percorso specifico per domande frequenti, come ad esempio una _knowledgebase_ più ampia (con un singolo articolo per ciascuna domanda), oppure una pagina di FAQ vera e propria (con tutte le domande una in fila all'altra).

Una sezione ben pensata di FAQ mostra che ci preoccupiamo e **mette le persone a proprio agio.**

8. Crea un Elenco di Risorse e Risposte Pronte

Non devi fare mai in modo che i clienti ti colgano con la guardia abbassata. Loro vogliono sapere che tu hai sempre tutto sotto controllo.

Il modo migliore per mostrare questo controllo è di avere diverse risorse e risposte relative al tuo prodotto o servizio pronte all'uso. Ad esempio, grande assistenza clienti significa avere preparazione in:

- Elenco di FAQ.
- Link di affiliazione.
- Link ad articoli correlati.
- Collegamenti ai prodotti gratuiti correlati.
- Frasi comuni e risposte pronte (per chat dal vivo).

Assicurati infine che sia una priorità tra le richieste che riceverai. Se vuoi che il tuo business abbia successo, è necessario **creare clienti felici e soddisfatti.**

L'assistenza clienti non dovrebbe mai essere rimandata – mai.

Dal CEO fino alla nuova tecnologia, il servizio clienti dovrebbe essere la priorità di ogni persona in azienda. Ricorda che se non fosse per i tuoi clienti, non avresti un business.

I tuoi clienti (felici) sono la linfa vitale e la migliore pubblicità per la tua azienda, quindi assicurati di dare loro il rispetto, l'attenzione e la priorità che meritano.

9. Utilizza un sistema di ticket

Con le imprese ad alto traffico le richieste di supporto possono affluire, **anche quando le cose vanno bene.**

Molte aziende che stanno adottando Desk, Freshdesk o Zendesk per i loro sistemi di supporto tecnico e li adorano. Le mie caratteristiche preferite riguardo a questi software sono la capacità di rintracciare facilmente i ticket degli utenti precedenti (tramite le loro opzioni di filtro) e l'uso di **modelli di risposta predefiniti**, che permettono di risparmiare un sacco di tempo.

Avere un sistema di ticket in atto non solo rende le cose più facili per il tuo team e per i tuoi clienti, ma fornisce anche la sicurezza per il tuo team tecnico quando vengono scambiate le informazioni sensibili.

Ora inizia da qui

Fornire un supporto eccellente al cliente migliora notevolmente le probabilità di chiusura di un accordo e ci garantisce un business continuativo, il che significa un aumento delle vendite e dei profitti.

L'esperienza del cliente è il prossimo campo di battaglia competitiva.

Jerry Gregoire

Tutti gli studi, recenti e non, concordano nel dire che è molto **più costoso acquisire clienti piuttosto che conservarli**, fino a 7/10 volte.

Non c'è quindi nessuna ragione sensata per non dedicare tempo e budget per mettere in pista un sistema più efficace e completo di *customer service*.

Non solo non perderai più clienti in modo stupido, ma soprattutto potrai vendere loro ancora di più e meglio.

Come sempre inizia da una delle opzioni proposte e non passare alla successiva fino a quando non hai completato il passo precedente.

Fammi sapere **quale suggerimento hai già adottato nella tua azienda o attività e quale invece vorresti inserire** a stretto giro.

Non essere avido di particolare perché mi piacerebbe davvero raccontare la prossima storia di successo sul blog di temposuper: la tua.

Link e Risorse utili per questo capitolo

Servizi di live chat

www.SnapEngage.com

www.LiveChat.com

www.Zopim.com

Sistemi di ticketing per tracciare le richieste di supporto

www.Freshdesk.com

www.Zendesk.com

Come scaricare con classe chi vuole prendere un caffè con te

Quante volte ti è capitato, soprattutto al telefono, via mail o social, di ascoltare un **invito apparentemente innocente** come "ci troviamo per un caffè?".

Eppure tu già lo sai che dietro questa candida richiesta si cela una di quelle fregature da paura, con almeno mezz'ora buttata nel cesso ad ascoltare qualcuno che, come minimo:

- deve vomitarti addosso tutti i suoi **problemi** di lavoro o famiglia
- ha solo bisogno di un **favore** personale, ma fatto subito e gratis
- vuole scroccarti **informazioni** commerciali che altrove dovrebbe pagare a caro prezzo.

Cosa dovresti invece rispondere a chi ti invita per un caffè

Premessa. Quanto sto per dirti non è proprio politicamente corretto, tuttavia rappresenta esattamente una **traccia indicativa di come tu possa procedere** per trovare la risposta migliore da dare.

Quella che senti più tua, in funzione del rapporto, del contesto, delle precedenti esperienze e del tuo modo di fare o carattere.

La conversazione dovrebbe andare più o meno in questo modo ☺

Guarda, non voglio sembrare scortese. Davvero, apprezzo che tu desideri passare del tempo insieme, ma io sono un piccolo imprenditore. Le mie giornate sono molto occupate, e non ho proprio il tempo di "prendere un caffè".

So che sei una brava persona e che un incontro faccia a faccia potrebbe benissimo aiutarci nel nostro rapporto. Ci sono alcune persone che conosco che godono nell'incontrare gli altri per il caffè, a pranzo e a cena. Ma purtroppo **io non sono una di quelle persone**. Questo non è un qualcosa che vorrei realmente fare.

Se non sono sommerso dai problemi nel mio ufficio, ho così tanto altro lavoro da fare e situazioni da gestire che **ogni momento che ho a disposizione preferisco** trascorrerlo con la mia famiglia. Quindi, prendere un caffè con te sta davvero in basso sulla mia lista di priorità.

Ci sono però alcune circostanze in cui vale la pena prendere un caffè con te

1. Prendiamo un caffè al telefono

Ciò significa che tu prendi una tazza di caffè, e io prendo una tazza di caffè, solo che noi restiamo a berli nei nostri uffici e solo parlando al telefono. Non mi dispiace fissare appuntamenti telefonici. È un buon modo per conoscersi l'un l'altro e **si può realizzare molto con solo una conversazione di 20 minuti**.

Una conversazione telefonica può comprendere tutto ciò di cui abbiamo bisogno. E chi lo sa? Magari potrei davvero essere incentivato a lasciare il mio ufficio e incontrarmi con te, se siamo entrambi d'accordo che c'è una ragione per vedersi realmente faccia a faccia.

La cosa migliore di una conversazione telefonica è che è un investimento di tempo molto inferiore rispetto a lasciare l'ufficio e dirigersi da qualche parte.

2. Sei un cliente

I clienti sono la mia priorità. Se un cliente dice che mi vuole incontrare per un caffè, o qualsiasi altro motivo, lo incontro per un caffè. Naturalmente, ci sono dei limiti.

Non ho intenzione di lasciare il mio ufficio per un piccolo cliente, perché anche se tutti loro sono importanti per me, ammetto che **alcuni sono più importanti di altri** per la mia attività.

Ma, per la maggior parte dei casi, uscire e incontrare un cliente è sempre qualcosa di importante per me. E io preferisco bere il caffè con loro nei loro uffici in modo da poter andare in giro, vedere come stanno utilizzando i nostri prodotti e fornire un certo tipo di aiuto.

3. Tu hai un cliente o un contatto per me

Io ti incontrerò per un caffè se tu hai un cliente specifico, un progetto o un'opportunità per cui c'è bisogno del mio aiuto specifico per servizi specifici.

Un mio amico-tecnico potrebbe chiamarmi e dirmi: "stiamo lavorando a questo progetto di clienti e loro sono realmente interessati ai prodotti che vendi. Possiamo incontrarci per un caffè a questo proposito?" Quando ricevo una chiamata del genere, mi incontro per un caffè.

Io non sono una persona impicciona o perditempo; quindi non mi interessa fare la tua conoscenza prendendo un caffè, a meno che non ci sia qualche euro effettivamente in ballo.

4. Ti sono debitore

Se hai fatto qualcosa per me in passato, se mi hai fatto lavorare o mi hai aiutato e vuoi stare insieme per un caffè, io sono più che propenso. C'è una storia lì. Abbiamo un trascorso. Siamo ormai familiari l'uno con l'altro e con quello che facciamo, perché **abbiamo fatto qualcosa insieme** in passato.

Tu mi hai aiutato in passato. Voglio assicurarmi di aiutarti e renderti felice. Perché tu hai dimostrato di esserci per davvero. Ora tu desideri incontrarmi per un caffè in modo che possiamo discutere di altri modi per lavorare insieme in base a ciò che abbiamo fatto in passato? Questo mi va bene.

5. Sei una vera, autentica opportunità

Tu vuoi prendere un caffè insieme, perché sei alla ricerca di prodotti per la tua azienda che vendiamo noi. Sei alla ricerca (o in fase di test). Hai portato a termine il tuo impegno.

Tu non sei un piccolo progetto, ma uno di dimensioni soddisfacenti (e questa definizione, almeno per me, cambia in base alla circostanza economica dei tempi, mi dispiace ammetterlo). Tu hai un budget, una scadenza, un bisogno. Tu sei un acquirente serio e stai cercando di avere una conversazione seria. OK. Prenderò il caffè con te.

Ora inizia da qui

Caro amico, il mio tempo è limitato. Le mie risorse sono poche. La mia pazienza è scarsa. Sono un **piccolo imprenditore super impegnato**. E a meno che tu non rientri in una di queste cinque categorie, mi dispiace, ma io non voglio incontrarti e prendere un caffè con te in questo momento.

Niente di personale, ma la vita è fatta di priorità e tu adesso non rientri nelle mie. Tutto qua.

E tu che stai leggendo, **come ti comporti quando ricevi richieste** alle quali vorresti dire di no? Raccontami le tue migliori:

- scuse che hai inventato
- risposte "vere e oneste"

Soprattutto dimmi come è finita con gli scocciatori... Erano davvero tali oppure hai dovuto fare retromarcia, ricrederti e dare loro una seconda possibilità?

Testimonianze: ecco il momento e il modo giusto per chiederle

OK. Tutti ti dicono e scrivono post chilometrici sul fatto che per vendere di più devi avere più testimonial. Niente in contrario. Ma sai quando è **il Momento IDEALE per chiedere una testimonianza**?

Allora leggi attentamente questo capitolo dove ti parlerò di:

- quando è il momento migliore per chiedere una testimonianza
- in quali modi differenti puoi farlo (e come scegliere quello giusto)
- **come ricevere un testimonial** anche quando non hai venduto nulla
- perché dovresti avere le palle di chiedere un attestato di stima anche quando il cliente non è più tuo
- quali **strumenti devi sempre avere a portata di mano** per non perdere l'occasione di registrare il feedback positivo di un testimonial.

Posto che io non mi reputo affatto un esperto di vendita, sto utilizzando le testimonianze da moltissimi anni. Ho sempre studiato materiale sia italiano sia americano e, soprattutto gli americani, puntano moltissimo sulle testimonianze per vendere, per creare quella che il professor Cialdini chiama "la riprova sociale", per superare delle obiezioni grazie a coloro che ti forniscono la testimonianza.

Sono un modo molto interessante, che tu faccia dei corsi o delle presentazioni, per cambiare e dare ritmo al modo che hai di presentare il tuo servizio o prodotto. Magari una volta puoi parlare tu e la volta seguente puoi far parlare il testimonial.

Capirai che è molto diversa la situazione in cui tu parli per un'ora da quella in cui tu alterni dei contenuti di diversa natura che vanno a sollecitare le persone in maniera differente.

Ci sono due motivi per cui tu puoi chiedere una testimonianza: uno è quello collegato alla vendita in senso lato, quindi al superamento delle obiezioni e al convincimento del pubblico che trovi dall'altra parte. L'altro è finalizzato ad ottenere un effetto di coinvolgimento, ovvero alla necessità di mantenere desta l'attenzione della persona che sta ascoltando.

È chiaro che se ascolti un minuto di testimonianze di un cliente su Youtube l'esempio non è calzante. Però, se la testimonianza è inserita in un contesto più ampio, magari in un discorso di mezz'ora o di un'ora, o di una giornata, aggiunge ritmo alle azioni, alle spiegazioni, alla vendita.

Ci sono vari modi di ricevere le testimonianze, bisogna imparare a chiederle e capire quando è il momento giusto per chiederle. Proveremo a toccarne alcuni in questo capitolo.

Prima di entrare nel tecnico della testimonianza, è importante capire a chi chiederla e quando.

Potresti dividere le persone a cui rivolgerti in due grandi categorie: persone che sono già tuoi clienti e che hai contattato, oppure che ti hanno scartato (o che hai scartato tu) perché non c'era un match perfetto tra i tuoi prodotti e servizi e le esigenze dell'altra parte.

Io sono per una vendita molto etica, quindi se il mio prodotto o servizio non si sposa con i tuoi bisogni è inutile cercare di piazzarti del materiale. E se dovessi venire a chiederti una testimonianza, sicuramente tu non saresti tra le persone più soddisfatte e mi parleresti in relazione ad un prodotto o servizio che ti ho venduto forzatamente. Non sarebbe proprio il caso.

Le altre sono persone che non sono ancora entrate in contatto con te e, probabilmente, con nessun altro. Ovviamente, andare a contattare queste persone è molto complesso e te lo sconsiglio, ma se volessimo fare un esempio, ammettiamo che tu voglia vendere dei condizionatori per casa.

Una persona potenzialmente interessata ad un prodotto di questo tipo, potrebbe essere una qualsiasi persona che ha una casa. Se tu avessi un negozio di condizionatori, prima ancora che arrivi da te un potenziale cliente, potresti, come strumento di marketing tutt'altro che banale, fare un sondaggio, all'interno del quale lanciare una richiesta di feedback e di esplicitazione di un problema.

Potresti, ad esempio, chiedere quali sono le cose che preoccupano di più riguardo all'acquisto di un condizionatore e, soprattutto, nel caso di persone che tu non hai ancora contattato direttamente, di evidenziare un problema più o meno latente che hanno.

Tu, lavorando sui problemi di queste persone, potresti migliorare l'erogazione di un tuo prodotto o servizio.

Secondo step: la persona è venuta da te, c'è stata una tentata vendita ma non si è conclusa perché non c'è stato un perfetto feeling.

Può darsi che si sia trattato di un problema di budget, magari quello che volevi vendere tu, per quel cliente era troppo caro.

Quindi, come puoi, nonostante tutto, mantenere il rapporto con una persona e farti dare una testimonianza?

Semplicemente, al termine della trattativa, prima di congedarti dalla persona, se hai mantenuto con lei un rapporto pulito e sereno, (tu hai fatto una consulenza più che una vendita e hai visto che non c'era margine per andare avanti) potresti chiedere alla persona una sua testimonianza, non sul prodotto o servizio che non ha acquistato, ma sul rapporto e l'interazione tra lei e te che sei stato il consulente.

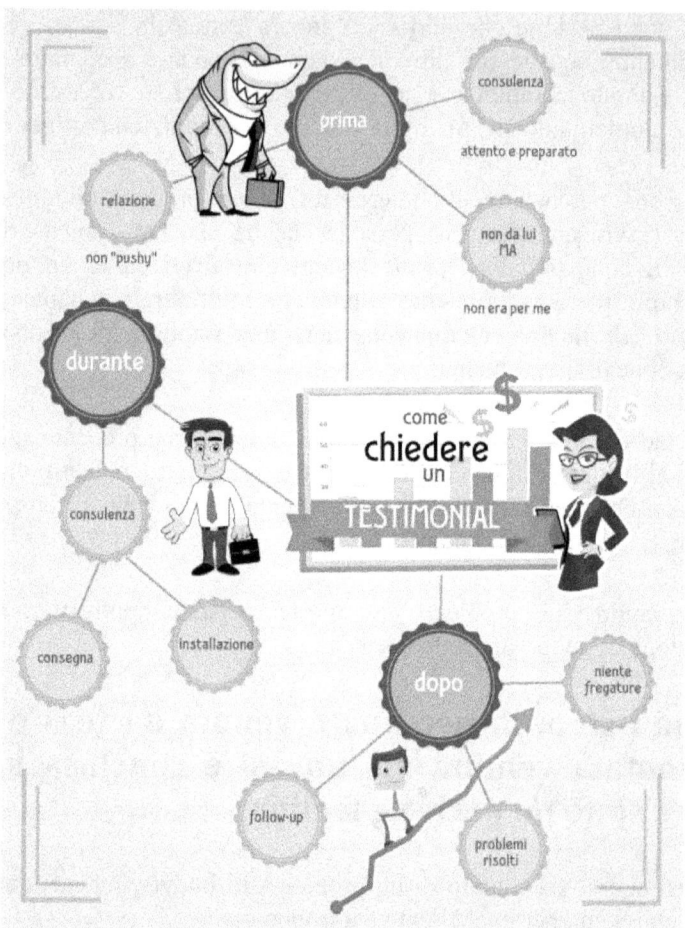

Potresti chiedere cosa ha apprezzato particolarmente della persona che si è trovata di fronte. Perché uno dei problemi più grandi che hanno le persone quando vanno ad acquistare, è quello di trovarsi di fronte ad un venditore che spinge e cerca di piazzare il suo prodotto, di fregare continuamente, o vendere qualcosa dove non c'è l'assistenza.

Il fatto di sentire da qualcuno che non ha acquistato da te, perché sono subentrati alcuni aspetti che hanno reso impossibile la felice conclusione della trattativa, mi rincuorerebbe moltissimo, perché capirei che tu venditore, dall'altra parte, non hai voluto spingere.

Quindi ciò che io traggo è che la tua azienda non ha venditori che vogliono appiopparmi un prodotto, ma ha dei consulenti che studiano per bene il mio problema, perciò posso uscire dalla trattativa senza buttare via dei soldi e avendo ricevuto una consulenza.

Avere testimonianze di persone che non hanno poi comprato per altri motivi, ma che elogiano la professionalità del consulente e dell'azienda è fondamentale, almeno per me.

Il terzo step sono i clienti e, in realtà, si potrebbero suddividere in due tipologie.

Ci sono i clienti recenti appena acquisiti, per i quali la testimonianza dovrebbe andare in due direzioni: la testimonianza in cui chiedi operativamente perché hai scelto un determinato prodotto o servizio, deve essere focalizzata su come sei stato trattato e sul perché lo hai scelto, e soprattutto, se questo prodotto o servizio ha contemplato anche una installazione o personalizzazione o un servizio integrativo.

Ad esempio, il mio amico installa finestre, non viene valutata solo la qualità delle finestre, ma anche la qualità globale del prodotto o servizio. Ricordo che una mia amica con cui ho fatto il corso di coaching, mi raccontava che quando si era trasferita, aveva assunto degli imbianchini sudamericani straordinari.

Solitamente, uno dei problemi che hai quando fai dei lavori a casa è che, quando sono finiti, devi pulire tutto. Lei invece ha trovato la casa più pulita di quando l'aveva lasciata, e questa, se loro avessero sfruttato l'idea, sarebbe stata una testimonianza straordinaria, perché va a toccare un nervo scoperto che hanno molte categorie professionali, come gli idraulici, gli imbianchini e tutti coloro che hanno a che fare con la muratura.

Io ho appena acquistato una cameretta e sono rimasti in giro i trucioli per tutta la casa. Sarebbe bastata una scopa per avere tutto in ordine e pulito, invece ci siamo dovuti mettere al lavoro io e mia moglie.

Ricapitoliamo rapidamente

Primo step, cliente appena fatto, abbiamo appena chiuso la trattativa, adesso cominciamo ad erogare il servizio e questo è il momento ideale per assumere la prima testimonianza.

Nel momento in cui ho installato il tutto, mi dai la testimonianza sul perché hai deciso di installare questo prodotto o servizio e sulla sua erogazione e/o installazione. Nel caso di idraulici o imbianchini sarà importante sapere in quanto tempo hanno fatto il lavoro, nel caso di softwaristi come ti hanno installato il software, in quanto tempo e con quali problemi. Questo chiude la testimonianza del cliente appena fatto.

Invece, la testimonianza del cliente con cui lavori già da alcuni mesi o anni è fondamentale per un altro motivo: questa risponde ad un'altra grande obiezione che avanzano molte persone, cioè se l'azienda che ha venduto un prodotto o servizio può essere affidabile a lungo termine oppure si comporta bene solo nei primi tempi, come può capitare con gli amministratori di condominio.

Se io fossi un amministratore di condominio farei esattamente questo: andrei a prendere i miei clienti più soddisfatti e mi farei rilasciare delle testimonianze in modo da rispondere alle obiezioni ricorrenti riguardo alla qualità dell'erogazione del servizio a medio e lungo termine, proprio perché è un problema che hanno molte categorie professionali.

Potrei parlare e chiedere testimonianze non solo sull'erogazione del servizio, ma anche sulla tipologia di consulenza che poi viene erogata nel medio e lungo termine.

Io non ti vendo soltanto il software, ma ti tengo aggiornato su determinati problemi che a causa del cambio della normativa o dell'apparato tecnico, possono accadere all'interno di ogni business.

Quindi, avere un consulente che non solo ti vende un prodotto all'inizio, ma che ti supporta anche dopo, a mio avviso, sarebbe una testimonianza straordinaria da ricevere.

Ma c'è un'ulteriore categoria di clienti: quella di chi non è più tuo cliente.

Potrebbero esserci diversi motivi per cui non lo sono più, magari avete litigato, quindi c'è un problema di rapporto, perciò avere la testimonianza è molto difficile.

Però potrebbe accadere che loro se ne sono andati perché non erano più il tuo target di cliente ideale, quindi può essere stata una scelta loro. Oppure c'è il rovescio della medaglia: magari sei stato tu ad averli abbandonati perché sei cresciuto talmente tanto che non riuscivi a seguirli bene.

In questo caso, se il rapporto è assolutamente integro, potresti chiedere una loro testimonianza. Ci vuole un po' di pelo sullo stomaco, ma è assolutamente sensato chiedere.

Questo ci fa capire un'ulteriore cosa: io non mi sento legato ad un'azienda per la vita, e nel momento in cui ho la possibilità di uscire, non ho un contratto capestro che mi lega. Soprattutto se il rapporto è stato perfetto fino alla fine, nessuno oserebbe parlare di questo.

Ci sono delle categorie, come i promotori finanziari, che quando crescono non possono più seguire una certa tipologia di cliente, e allora piuttosto che lasciarsi male, si lasciano bene e nel momento in cui lo fanno, chiedono la testimonianza.

Questo fa anche capire alle persone che io non continuo a proporti un servizio scarso solo perché tu mi dai dei soldi, ma io ti propongo il meglio, e nel momento in cui questo non va più bene, il nostro rapporto va a cadere.

Quindi, tu sai che otterrai sempre il meglio da me, e la cosa più giusta per te fintanto che decidiamo di collaborare. E con questo chiudiamo il discorso di quando e a chi chiedere le testimonianze.

Che tipi di testimonianze si possono chiedere ed esistono testimonianze migliori in certi frangenti rispetto ad altre?

Le testimonianze sono di tre tipi: c'è quella scritta, quella in audio e quella video. Il grado di impatto emotivo, psicologico e di persuasione è crescente. Ci sono delle situazioni dove il video o l'audio non sono utilizzabili, come in un giornale ad esempio. Ci sono quindi delle testimonianze che vanno scelte sulla base del media che tu stai utilizzando. Ci sono però dei media, come internet, dove potresti utilizzarle tutte e tre.

Vediamo la testimonianza scritta: può essere una testimonianza di massimo cinque righe, dove un tuo cliente o potenziale cliente racconta cosa è andato bene e cosa è andato male riguardo alla vostra collaborazione. A seconda della tipologia di cliente, bisogna chiedere perché si è trovato bene o male.

Tuttavia, utilizzare parole che possano dare adito ad interpretazioni è molto rischioso e, in determinati settori, meno persuasivo. Tutte le volte che ti viene in mente di usare paroloni come efficienza, puntualità, qualità, è meglio che tu ti prepari un prontuario di domande che puoi sottoporre al tuo cliente e da compilare insieme.

Ad esempio, se stiamo parlando di puntualità a proposito di un idraulico, una testimonianza utile potrebbe essere questa: "è l'unico idraulico che mi ha chiamato tre volte in un giorno anziché attendere la mia telefonata ed è arrivato all'appuntamento dieci minuti prima, quando invece gli altri si sono presentati con venti minuti di ritardo e senza avvisarmi."

Questa è una testimonianza più lunga, ma se io ho bisogno di un idraulico e sono molto sensibile al tema del tempo, è una testimonianza che spacca. Mi sono già convinto a chiamare quell'idraulico a prescindere dal fatto che abbia svolto un buon lavoro.

Ove ci sono numeri, statistiche, foto, utilizzateli. Mettiamo il caso di un professionista che lavora nell'ambito della salute: la testimonianza potrebbe consistere nel confrontare l'immagine di una donna obesa prima della cura e di una silhouette magra dopo la cura, facendo notare che sono la stessa persona.

Questo tipo di testimonianza potrebbe anche essere scritta ed ha un grande impatto emotivo se mostrata insieme a delle foto, perché lo scopo è quello di far vedere il prima e il dopo.

Confronta sempre la situazione di partenza e quella di arrivo e fai notare come grazie al tuo intervento e al tuo prodotto o servizio, il dopo sia molto migliore rispetto al prima.

Questo vale per la testimonianza scritta, ma le stesse regole possono essere applicate anche per il prima e il dopo delle testimonianze audio e video.

Come riuscire ad ottenere testimonianze audio e video?

Io consiglio sempre di avere a disposizione il cellulare quando si va da un cliente, come facevo io. Se vai su YouTube puoi vedere che già cinque anni fa, avevo girato dei video di testimonianze dei clienti con il cellulare a cui avevo installato il software di gestione affitti Datos.

Sono tutte testimonianze brevi, di pochi minuti, ma aiutano molto. Vi assicuro che quando le persone mi andavano a cercare, soprattutto perché erano le prime testimonianze disponibili, mi raccontavano di aver visto il video e di essere rassicurati sul fatto che lavoravamo bene.

Ti consiglio il cellulare piuttosto che la videocamera per un motivo molto semplice: oltre che per la facilità di uso, puntare la telecamera su qualcuno, incute soggezione e quindi le persone si bloccano.

Quando inizi a girare questa testimonianza, che potrebbe anche essere in video e successivamente trasformata in audio, è importante che prima del rilascio della testimonianza vera e propria, tu faccia parlare un po' il tuo cliente perché lui deve metabolizzare il tutto.

Superata questa impasse iniziale, le persone poi si sciolgono e avrai il problema opposto, quello di farle smettere di parlare. Il video dovrà avere una durata di qualche minuto. È inutile girare testimonianze molto lunghe a meno che abbiate tempo a disposizione e dobbiate parlare di un settore piuttosto complesso.

Per esempio, se dovessimo parlare dell'installazione di una finestra dovremmo partire dal momento della scelta fino ad arrivare ad un anno dopo, quando l'installatore ti contatta per sapere se la situazione è ancora perfetta.

Ogni risposta del tuo cliente deve colmare ogni possibile obiezione che ti potrebbe fare la potenziale persona che ti potresti trovare di fronte.

Un altro modo per chiedere una testimonianza, soprattutto se tratti con i clienti via internet e disponi di software, o se vendi info-prodotti o se fai dei corsi, che una volta terminati, potresti anche non vedere più le persone che hanno partecipato, è Skype.

Skype ti permette di registrare attraverso dei plug-in, che sono dei programmi esterni o gratuiti o a pagamento, come **Evaer**, il flusso video e audio anche separatamente. Tu e l'altra persona potreste essere anche in due continenti diversi e in questo modo potrete registrare in tutta tranquillità.

Quando azionerai il registratore, incomincerai a parlare con la persona e, una volta che sarà pronta, potrai chiedere, in maniera molto morbida, una testimonianza (è chiaro che se vi state registrando via Skype lui già sa che dovrà rilasciare una testimonianza). È molto importante che tu metta il cliente a proprio agio, parlando ad esempio di qualche avvenimento recente.

Poi, potrai tagliare questa parte con l'editing. Potrai girare la testimonianza sia in video che in audio. Ci sono alcune persone che in video non vogliono o non possono apparire per questioni legate alle policy aziendali. Stessa cosa vale per le testimonianze che tu registri alla fine di un corso: alcune persone potrebbero rilasciarti solo l'audio.

In questi casi ti consiglio di portarti una telecamera fissa o ingaggiare una troupe esterna che costa poche centinaia di euro al giorno. Ti consiglio di riprendere tutto l'intervento e al termine potresti regalare un bonus a chi decide di rilasciare un'ulteriore testimonianza.

Mi raccomando all'illuminazione e alla qualità dell'audio. È importante che le luci siano puntate sulla persona intervistata, avere un audio buono, senza fruscio, e un giusto volume.

Probabilmente io farò un **training specifico su come rilasciare testimonianze** dal punto di vista fisico. Il montaggio puoi farlo tu, lo puoi far fare a dei tecnici, puoi assumere qualcuno su Fiverr.

L'importante è che tu ricordi che se parti da un buon prodotto otterrai un buon risultato. Se capisci che la testimonianza è stata girata male, ti conviene rifarla al momento, perché chiederla dopo che è passato del tempo diventa molto più difficile e meno professionale

L'ultimo tipo di testimonianza è quella live, cioè quella che tu generi durante un corso o un evento mentre stai ancora installando il tuo prodotto.

L'ideale è presentare una persona a tutti i partecipanti e farle una specie di intervista, dove volendo possono partecipare anche le altre persone, anche se non te lo consiglio perché diventa confusionario.

Il fatto che sia un'intervista rende il tutto più dinamico, più flessibile e più credibile. È importante che l'intervista sia preparata e se hai delle domande che richiedono dati significativi è importante che l'altra persona se li prepari in anticipo, perché è fondamentale fornire sempre dati precisi e aggiornati. Sentir dire che il proprio fatturato è aumentato del 34,8% piuttosto che di circa il 30% è molto diverso e molto più professionale.

Non dico che tutto deve essere pilotato, ma è molto importante che tu anticipi alla persona che intervisterai quali saranno le domande, perché avere risposte precise da parte dell'intervistato cambia moltissimo l'approccio.

L'intervista è sicuramente la forma di testimonianza migliore perché l'interazione rende tutto più flessibile, elegante e naturale. Mentre, avere una persona che rilascia una normale testimonianza, per quanto naturale possa sembrare, lascia sempre il dubbio che sia stata preparata, soprattutto in Italia. Con un'intervista si può invece bypassare questo tipo di problema.

Ci sono infine alcuni *passaggi avanzati*

Sono quelli più tecnici e che non dovresti comunque sottovalutare. Mi riferisco a quali strumenti utilizzare, come fare un setting ottimale, quali sono le domande migliori, quali strumenti sono a disposizione su internet per rilasciare un'intervista.

Tutto questo non è molto meno importante della selezione del cliente giusto, del saper fare le domande giuste del sapere come chiedere una testimonianza. Perché se dal punto di vista tecnico hai un audio e un video pessimi, anche avere un cliente che ti sta rilasciando la migliore testimonianza del mondo, non servirà a niente, perché la gente si annoierà ugualmente.

Quindi, se non vuoi vanificare completamente tutto lo sforzo che tu riversi nella creazione del tuo prodotto o del tuo servizio, ti consiglio di fare attenzione a tutti questi dettagli. Immagina di aver fatto un'intervista, magari anche di venti minuti, con un tuo cliente importante, e di accorgerti quando la monti che la parte tecnica è uno strazio.

Sarebbe scorretto anche nei confronti del cliente che ti ha concesso una parte del suo tempo e che quindi meriterebbe di vedere confezionato un buon prodotto finale. La cura dei dettagli grafici deve essere commisurabile, se non migliore, del prodotto o servizio che tu offri, perché è una parte importante del post e del prevendita.

Le interviste sono un modo per vendere prima e per continuare a vendere dopo, quindi la qualità dell'intervista deve essere all'altezza del tuo prodotto o servizio e del tuo miglior cliente.

Per questo sto preparando un piccolo prodotto multimediale su **come realizzare un'intervista da zero**, senza spendere cifre assurde e che ti eviterà di fare pessime figure impedendoti di fornire testimonianze scadenti che né tu né i tuoi clienti vi meritate.

Se hai delle domande ulteriori o dei dubbi riguardo alle interviste, oppure se hai avuto delle esperienze come intervistato o intervistatore o vorresti introdurle all'interno della tua azienda ma vorresti capirne di più, mandami una mail con i tuoi riferimenti. Sarai ricontattato a breve da qualcuno dello staff per capire se e come possiamo esserti di aiuto.

Perché le liste di attività non funzionano mai come dovrebbero

Capita anche a te di arrivare a **fine giornata stanco e frustrato** (anche se non hai dovuto trascinare nessun tir o spaccare legna tutto il giorno)?

Probabilmente, appena entri in casa, o esci tutto nervoso dalla porta dell'ufficio, la tua esclamazione più frequente è qualcosa simile a: "cavolo, anche oggi **non ho concluso niente!**"

Se la risposta è sì-spesso, o anche sì-qualche volta, benvenuto nel *club dei lavoratori esauriti*.

Conosco bene questa situazione perché, dopo oltre 15 anni passati a fare il libero professionista, prima come informatico, poi come formatore e coach/consulente, la frustrazione di aver passato oltre 10/12 ore fuori di casa, ma non aver realizzato (apparentemente) nulla è davvero una delle cause più ricorrenti di **nervosismo e litigiosità** che io ricordi.

A dirla tutta, anche quando ero studente di ingegneria non è che le cose andassero in modo assai diverso. Infatti l'ho conclusa in 13 anni ☹

Oggi però la situazione è cambiata, in meglio per fortuna.

Quindi voglio condividere con te un piccolo stratagemma che ho imparato in questi anni di studio appassionato della gestione del tempo e di **come sfruttare al massimo ogni minuto.**

Cosa ti frena nella realizzazione personale e professionale?

Mi piace chiamarli i *serial-killer della produttività* perché, nonostante ci sia in atto una vera e propria campagna di demonizzazione della efficienza sul lavoro (a favore della efficacia personale), io continuo a pensare che se vuoi essere davvero efficace **non puoi permetterti di buttare il tempo in attività di basso valore** e svolte male.

Per esperienza, nella vita lavorativa e non di ciascuno di noi ci sono almeno una decina di comportamenti ricorrenti e "malati" (o disfunzionali, come dicono i nostri amici PNLlari) che ci portano sempre lontano dai risultati che speriamo di ottenere.

Insomma, hai tutto in ordine, competenze e capacità da vendere, ma continui a sentirti uno che non combina nulla di buono, **fatica a raggiungere gli obiettivi** e scarica ingiustamente questa tensione a casa o sui colleghi che non sempre ne hanno colpa.

È realmente una situazione spiacevole e dolorosa. Vediamo quindi se, eliminando almeno il primo di questi killer della tua produttività, riesci a migliorarla.

Troppi obiettivi o to-do-list troppo lunga

Avere troppi risultati da raggiungere, specialmente se te li fissi tu (e non ti vengono imposti dall'alto) è la maggior causa di frustrazione che tu possa avere.

Infatti lo stress e il nervosismo nascono dal fatto che tu guardi la tua lista chilometrica di ipotetiche "cose da fare" (che già di per sé chiamare obiettivi sarebbe errato), vedi che ne hai spuntate meno della metà e lì cominci a sentirti un cretino incapace.

Ti incoraggi dicendo frasi tipo "ecco, anche questa settimana dovevo fare tutto questo, invece ho fatto solo poche cose. Sono proprio una merda".

È una vera mazzata per il tuo orgoglio e autostima e, soprattutto, quando ti dici così non ti dai nessun suggerimento utile per fare in modo che la volta dopo non succeda più.

Cosa puoi fare per invertire questa tendenza?

Siccome uno dei motivi per cui non porti a termine tutti gli obiettivi è che **non hai davvero tempo per farlo**, il problema alla base è semplicemente quello di "essere troppo ottimista".

Ti illudi di avere giornate perfette da 15 ore piene di lavoro, ma la realtà è ben diversa.

La prossima volta che scrivi la to-do-list della settimana segui fedelmente questa procedura:

1. Scrivi tutte le attività che pensi di dover/voler portare a termine
2. Ordinale in base alla priorità o urgenza (sono diverse, lo so, ma in questo caso le assimiliamo, ok?)
3. Pensa a **quanto tempo ci vorrà** per terminare ognuna di quelle
4. Se il tempo indicato è superiore a 90 minuti, suddividi l'attività in sotto-attività
5. **Moltiplica almeno x2**, ma ti consiglio x3, il tempo indicato – per tenere conto della REALTA'
6. Indica quante ore pensi di poter dedicare al lavoro questa settimana (40, 60, 80?)
7. Partendo dall'alto della tua lista esegui le somme delle ore e fermati non appena hai raggiunto il numero limite del punto precedente.

Vedrai che, limitando l'eccesso di ottimismo, le cose da fare non sembreranno più troppe. Il nervosismo e l'ansia da prestazione diminuiranno radicalmente e saranno un volano per iniziare una nuova settimana con più energia e motivazione rispetto a quella precedente.

Inoltre, **dare una tempistica** a ciascuna attività è fondamentale perché:

- ti permette di **visualizzare mentalmente tutto il processo** che metti in moto per portarlo a termine
- ti aiuta ad anticipare possibili problemi, interruzioni o aspetti che non conosci
- porta alla luce, in modo matematico e inconfutabile, un fattore tempo che tendiamo spesso a considerare come illimitato, mentre la realtà ci dice ben altro

Ora inizia da qui

La prossima volta che ne compili una *lista di attività* **segui fedelmente la ricetta in 7 punti** e fammi sapere come è andata e quali difficoltà o insegnamenti hai tratto.

Per approfondire l'argomento guarda questo videocorso che ti spiega tutto quello che ho imparato in questi anni sulle to-to-list.

www.temposuper.com/vai/todolist-bible/

31 compiti da appioppare subito alla tua nuova segretaria virtuale

Se non hai mai avuto un'assistente virtuale o l'hai usata solo per piccoli lavori saltuari, ecco alcuni suggerimenti molto semplici su come puoi **trasformarla in segretaria virtuale** e farti aiutare al meglio.

Così, mentre lei svolge questi compiti, tu resti focalizzato e puoi concentrarti sulle attività strategiche del tuo business: branding, marketing e creazione di relazioni.

Per comodità ho diviso i compiti in sezioni e, se vuoi, potrai anche scaricare una versione "deluxe" di questo documento (con la bellezza di **71 suggerimenti**, pronti da usare ed applicabili in ogni business, anche se sei partito da poco) da questa pagina.

www.temposuper.com/31-compiti-per-segretaria-virtuale/

Quindi, se stai ancora chiedendoti,

Cosa cavolo posso far fare alla mia segretaria virtuale?

ecco esaudito ogni tuo dubbio.

Compiti di Amministrazione generale

1. Supporto nei **pagamenti tardivi** – contatta i tuoi debitori per tuo conto e ti fornisce un report dettagliato delle chiamate (con relative scuse). È sorprendente come una semplice chiamata da qualcuno diverso dal titolare, spesso, possa innescare il pagamento e mantenere il rapporto intatto.

2. **Lista** delle cose da fare – si prende cura di tutte quelle piccole cose che devi fare ogni giorno come prenotazioni di ristoranti, acquisto di regali online, organizzazione di meeting, supporto negli ordini pendenti, compilazione di note spese e follow-up dei pagamenti.

3. Gestione dei **backup** – si assicura che i backup di tutti i file o computer/s siano ok e gestisce una copia di sicurezza nel tuo cloud preferito (Dropbox, Google Docs, iCloud, Amazon S3)

4. **Archiviazione** documentale – puoi farle scansionare i documenti in giro per il tuo ufficio e dirle di ordinarli in categorie nominate, pronti per essere inseriti in apposite cartelle.

5. Typing e **trascrizione** – lezioni, traduzioni, sbobinamenti, creazione di report, incontri d'affari, teleconferenze e interviste.

6. **Pagamento** fatture – dopo aver testato la sua riservatezza e discrezione, potrà eseguire regolare pagamento online delle fatture dal tuo conto. Ovviamente deve avere un accesso online al conto e, meglio, una serie di credenziali separate e limitate.

7. **Note** in corsa – puoi inviare registrazioni MP3 di quelle idee che ti passano per la testa mentre stai facendo jogging, guidando, o prima di addormentarti e lei ti manda una versione scritta e formattata delle tue note per futura consultazione.

Io, personalmente, **uso tantissimo questa soluzione**. Giro con un registratore + cuffia e, quando sono in auto, ne approfitto per registrare "pillole di formazione" che la mia segretaria Fiorella sbobina nel giro di pochi giorni (tanto non ho fretta).

8. Punto di **Contatto** – se starai fuori città per un paio di giorni o di settimane, può essere il tuo punto di contatto, prendendo tutte le tue telefonate, controllando le e-mail, pianificando le teleconferenze.

9. Ricerche online di **hot topics** – tra i compiti di una brava segretaria c'è quello di reperire su internet elenchi di argomenti "caldi" per il tuo blog e per le tua newsletter, ricercando online articoli e forum legati al tuo settore.

10. Ricerche online generiche - se hai bisogno di conoscere concorrenti, prodotti, servizi, un nuovo piano tariffario o computer, questo è certamente un ottimo modo di impiegare il tempo della tua segretaria virtuale.

Assistente personale virtuale

11. Viaggio e soggiorno – ricerca e prenota biglietti aerei, noleggio auto e alloggio per il tuo prossimo viaggio di lavoro o privato.

12. Invia **fiori** – agli amici e persone care per compleanni, anniversari e per l'arrivo di nuovi membri della famiglia. Non hai la più pallida idea di quanto ricevere un regalo inaspettato con un biglietto scritto a mano, possa fare la differenza nelle relazioni (anche di lavoro).

13. Invia **cartoline** – cartoline di compleanno, Pasqua, Natale, anniversario ad amici, famiglia e clienti, facendo loro sapere quanto sono importanti per te e per i vostri affari insieme.

14. Acquista **regali** – se sei (come immagino) a corto di tempo per l'acquisto di regali di apprezzamento o attestati per dipendenti, clienti e partecipanti ai tuoi corsi, basta che fornisci alcune idee alla tua segretaria virtuale e penserà lei a trovare un bouquet di opzioni ideali, allineate con il tuo budget.

Supporto a seminari e webinar

15. Mail di gruppo – l'assistente virtuale invierà una mail di gruppo, spedirà inviti al database di contatti e traccerà i partecipanti su un foglio di calcolo o tramite il tuo software CRM. Ovviamente condividendo il tutto con te.

16. Supporto **live chat** – nei webinar avere un assistente a disposizione per gestire le domande, inviare link e raccogliere eventuali lamentele o problemi è fondamentale per migliorare costantemente e fornire il miglior servizio possibile ai partecipanti.

17. **Targhette** con nome – progetta e personalizza le targhette con nome e segnaposto, provvede alla stampa e alla consegna presso il vostro ufficio. Il tutto dopo aver reperito lo "stampatore" migliore di turno; senza che tu debba alzare un dito (se non approvare un bozzetto).

Receptionist virtuale

18. Risponde al **telefono** – riceve le chiamate importanti e filtra quelle indesiderate quando sei troppo occupato per farlo in prima persona. Ovviamente questo richiede che tu abbia un sistema telefonico VoIP e la tua segretaria sia sempre a tua disposizione.

19. Programmazione di appuntamenti – gestisce il tuo calendario online e si prende cura delle tue prenotazioni online e programmazione di appuntamenti 24 ore al giorno, sette giorni su sette. **Confermando appuntamenti con clienti** in modo da evitare pericolosi buchi e trasferte a vuoto.

20. Reception **vacanza** – gestisce le tue chiamate mentre sei in vacanza, inviandoti per mail tutti i messaggi che vuoi e comunicandoti al telefono solo quelli di contatti VIP.

Gestione del database

21. **Importazione** di elenchi – importa nel tuo CRM o sistema di gestione delle mailing-list (Aweber, GetResponse, MailChimp…) i contatti dispersi tra file di excel, di testo e ritagli vari. In questo modo potrai iniziare ad inviare newsletter e campagne di marketing ad una lista ripulita e completa.

22. **Mass mail** e spedizioni di gruppo – una segretaria virtuale diligente può occuparsi anche di un compito ripetitivo (ma che richiede un minimo di personalizzazione) come spedire centinaia di lettere, inviti o newsletter al tuo database.

Puoi anche fare come me e fornirle il materiale (buste e gadget), attivarle un servizio di posta privata e così tu non vedrai nulla. Le lettere vengono spedite ai destinatari, personalizzate, imbustate, spedite e con la fattura che in automatico viene registrata e pagata.

Cosa pretendi di più da una assistente virtuale?

23. **Follow up** – invia (secondo le tue indicazioni) lettere/email a quei contatti che hai recentemente conosciuto a seminari, eventi di networking, trascrive discorsi/relazioni presentati a seminari o convegni da inviare ai partecipanti.

24. **Ripulisce** i dati – quante volte hai cercato di contattare una persona dopo alcuni mesi, salvo poi accorgerti che **i dettagli che avevi erano sbagliati o incompleti**?

Uno dei compiti della tua segretaria virtuale può essere proprio questo: raccogliere i dettagli di chi è sulla tua lista o CRM, verificare le informazioni di base ed aggiuntive come l'indirizzo email, numero di telefono e l'indirizzo postale.

In questo modo avrai sempre un database completo e funzionale con non solo dettagli "classici", ma anche l'occasione di incontro, anno, motivo discussione, eventuali preferenze o richieste della persona.

Email Marketing

25. Email **Newsletter** – una segretaria virtuale può progettare, impaginare, programmare ed inviare le tue newsletter attraverso email di gruppo o utilizzando una piattaforma dedicata come MailChimp, ActiveCampaign o il tuo software CRM. Basta che tu le indichi:

- il messaggio + titolo
- a chi deve spedirlo
- quando deve farlo

26. **Supporto continuo** – invia un report settimanale, mensile o trimestrale per capire se le tue email sono efficaci oppure devi migliorare qualche aspetto. La tua assistente si preoccuperà anche di **filtrare e scremare quei folli** che, ogni tanto, finiscono nelle tue liste ed iniziano a risponderti farneticando ed insultando mezzo mondo. Basta un click della tua segretaria virtuale per ucciderli sul nascere ☺

Marketing online

27. **Social** Media – configurazione, formazione e gestione dei tuoi account, pagine e gruppi Facebook, Twitter, LinkedIn o Google+.

28. **Aggiornamenti** dei siti – una segretaria virtuale che conosca un minimo di funzionamento di WordPress o simili, può occuparsi di mantenere aggiornati i siti esistenti (con tutti i relativi plugin), aggiungere nuovi contenuti, pagine, articoli, blog, feed dei social media, filtrare i commenti di spam e selezionare quelli particolarmente interessanti.

29. **Presentazione** dell'articolo – invia i tuoi migliori articoli a siti web autorevoli, per aumentare la visibilità, il SEO e creare un network con altri blogger di successo.

30. **Scrittura** di eBook – corregge, impagina e ricerca le immagini per il tuo ebook. Si preoccupa anche di inviarlo sulle piattaforme online e ti fornisce i report dettagliati di vendite, download e commissioni.

Gestione sito web e domini

31. Sito & **Hosting** – quando ti viene in mente un nome di dominio e vuoi bloccarlo subito, chi meglio della tua segretaria virtuale può farlo?

Con le giuste istruzioni potrà, con un tuo solo comando:

- registrarti 1+ domini
- agganciarli al tuo sistema di hosting
- precaricarci wordpress o un tuo template
- effettuare dei redirect temporanei
- impostare una landing page

Cos'altro può fare la tua segretaria virtuale?

La risposta giusta sarebbe (se riesci a spiegarglielo bene)

il 90/95% di quello che sai fare tu ora (e ti pesa farlo)

Ma temo che non mi crederesti perché ti sembra "una sparata" troppo grossa. In effetti pure io la pensavo allo stesso modo, ma dopo 2 anni di duro lavoro mi sono dovuto ricredere amaramente.

Se pensi di essere indispensabile alla tua azienda **hai un problema enorme** e, peggio di te, questo problema lo ha la tua azienda: è *un gigante con i piedi di argilla.*

Tuttavia questo non è il posto giusto dove trattare questo argomento spinoso e ho creato una **serie di videocorsi** in cui affronto questo tema nei dettagli, spiegandoti non solo cosa devi fare, ma anche e soprattutto come farlo e con quali strumenti.

Ora inizia da qui

Puoi trovare ulteriori indicazioni semplici e concrete su **come avere più tempo per te attraverso la delega** ad una segretaria virtuale (o collaboratori/assistenti specifici) in almeno 4 dei capitoli del mio libro "*I Segreti Militari per Gestire il tuo Tempo come un Sergente Istruttore*".

Ti accorgerai che, possedendo le informazioni giuste e conoscendo i siti e gli strumenti migliori, gestire una segretaria virtuale è molto semplice e, soprattutto, liberatorio per te e per la tua azienda. **Anche se ora non mi credi e sei super-perplesso.**

Non credere ciecamente alle mie parole. Leggiti il libro (va giù come latte e cognac), metti in pratica e poi mi dirai tu stesso se ti sto raccontando idiozie o svelando il super-segreto per avere la tua assistente virtuale da zero, S. Tommaso che non sei altro ☺

Link e Risorse utili per questo capitolo

Se stai cercando un'assistente virtuale ti consiglio di iniziare da queste amiche, ottime professioniste, che fanno lavori straordinari, sono molto precise e affidabili e, soprattutto, sapranno guidarti al meglio nella parte di delega delle attività iniziali.

Anna C. http://9nl.pw/anna

Manuela B. http://9nl.pw/manuela

Susanna V. http://9nl.pw/susanna

Piattaforme di Email marketing (per invio di newsletter etc…)

www.activecampaign.com

www.mailchimp.com

www.getresponse.com

71 compiti che puoi delegare a un collaboratore online

www.temposuper.com/31-compiti-per-segretaria-virtuale/

Lista completa di **strumenti per collaborare** online

www.temposuper.com/vai/strumenti-collaborazione/

La vita segreta di un'assistente virtuale: come nasce e perché salverà il tuo business

Un anno trascorso a fare niente. 12 lunghi mesi passati a scaldare la sedia di un ufficio.

Quando lavori a stretto contatto con il top management di un'azienda ti accorgi subito se le cose non "girano" come dovrebbero, lo senti, lo percepisci nell'aria del tuo ufficio comunicante con quello dell'AD.

E io sapevo che qualcosa non quadrava.

Per sette anni dalla mia scrivania, in questa azienda, erano passati dati sensibili, informazioni riservate, notizie FYEO (For Your Eyes Only), tutta una serie di appunti, relazioni, documenti che ti vengono consegnati o mostrati con quell'espressione a metà tra il minaccioso e il faceto che significa "mi raccomando, tieni la bocca chiusa", un monito comunque inutile perché se sei Assistente dell'Amministratore Delegato, come lo ero io, "tenere la bocca chiusa" fa parte dei tuoi doveri.

È un processo fisiologico come respirare, non puoi farne a meno.

Io avevo notato che la mia scrivania non era più il punto di raccolta di questi appunti, relazioni, documenti; tanta bella carta, quello sì, ma senza importanza. E il mio lavoro si era ridotto in compiti marginali, banali, che potevo fare senza connettere il cervello, erano tutte cose che avevo fatto all'inizio del mio percorso professionale 30 anni prima.

Futilità che mi occupavano solo qualche ora della giornata, tutto il resto lo dedicavo ad aspettare il momento di tornarmene a casa. Era alienante! Pensavo: "ma con tutto quello che ho da fare a casa, io devo venire qui a perdere tempo?"

Così, per far passare il tempo, navigavo su internet, cercavo di trovare un altro lavoro (un'impresa!), mi tenevo aggiornata su qualsiasi cosa perché era un modo come un altro per non far atrofizzare il cervello ed è lì che ho scoperto questa fantomatica professione: l'Assistente Virtuale.

Una certa Mary Tomasso, Italiana residente in Argentina, raccontava come aveva intrapreso e avviato questa attività; mi ricordo di aver pensato che lavorare da casa doveva essere galattico, poter gestire i due aspetti della propria vita, personale e professionale, senza essere perennemente di corsa, non dover più affrontare i miei 70km quotidiani per andare in ufficio a...a fare che??

In quel momento avevo un problema più grosso che mi impegnava: come passare la giornata!

Dopo aver fatto più volte presente la mia situazione sia al mio diretto responsabile che alle Risorse Umane, e aver notato atteggiamenti piuttosto sfuggenti e poco propensi alla risoluzione del mio problema, ho capito che sarebbe successo qualcosa, presto o tardi, volente o nolente, ma ci sarebbe stata una svolta.

Infatti, un bel giorno l'AD viene nel mio ufficio (avevamo un rapporto confidenziale, grazie a quasi 10 anni di lavoro insieme in questa azienda e in una precedente) e mi comunica che il mio full time stava per diventare part time fino a fine anno, dopodiché The End, adios, bye bye: le condizioni economiche dell'azienda non consentivano più di sostenere i miei costi. Ero diventata un bene di lusso che non si potevano permettere.

Dopo questa notizia, sono rinata! Mi sentivo come se potessi sollevare il mondo, "datemi solo una leva". A causa della distanza non indifferente tra casa mia e l'ufficio, il part time era verticale, ovvero due giorni pieni in ufficio più una mezza giornata da casa ed è proprio grazie a questa mezza giornata che ho provato l'ebbrezza del lavoro online.

Inoltre, il mio quasi ex AD, dovendo fare a meno di me, qualche problemino di organizzazione ce l'aveva non riuscendo a gestire tutto da solo, quindi mi sono posta il famoso Quesito della Susy: "Quanti si trovano nella stessa situazione? Quanti hanno bisogno di un supporto, ma non possono permettersi "il lusso" di un dipendente fisso?" Ho fatto 2+2: se posso lavorare da casa per quest'azienda, posso farlo anche per altre.

Ho chiamato il mio commercialista di fiducia e gli ho chiesto se il fisco mi permetteva di avere un'altra attività in proprio pur avendo già il part time e la sua risposta, da buon fiorentino, è stata "te 4 ore ce l'hai impegnate con l'azienda, ma nella altre 4 orette tu poi fare quel cavolo che ti garba!".

Allora lo faccio: divento Assistente Virtuale.

Da lì in poi non mi sono più fermata, ho recuperato anche l'anno che avevo perso scaldando la sedia dell'ufficio! Con un tempismo perfetto, Mary Tomasso, che nel frattempo seguivo sui Social, ha creato il Primo Corso in Italiano per Assistenti Virtuali: mi sono iscritta subito e l'ho seguito in diretta per circa 4 mesi imparando un sacco di cose nuove, scoprendo l'esistenza di strumenti che manco sapevo esistessero.

Insomma, mi si è aperto un mondo.

Ho impostato la mia attività, ho creato il sito internet, ho iniziato a promuovermi, poi è nato il blog, la newsletter: alla fine il mio cervello non si era addormentato, nonostante tutto, anzi era più ricettivo che mai. E pensare che fino a poco tempo prima non avrei nemmeno saputo da che parte girarmi …

Dopo il corso, Mary Tomasso mi ha proposto di collaborare con lei e questa esperienza mi ha permesso di acquisire un po' di dimestichezza con i CRM, con la programmazione dei post, la scrittura dei blog e piano piano, non senza fatica, sono arrivati anche i primi clienti, pochi ma buoni.

Perché, diciamocelo, non è una passeggiata far capire agli Italiani come funziona questa professione, dal punto di vista della cultura del lavoro siamo ancora agli antipodi. Innanzitutto, vai a spiegare che:

- tu non sei "dedicata" solo a uno di loro e che lavori secondo i tuoi orari che non sono quelli canonici di un ufficio, ma ciò che conta è che il lavoro sia completato nei tempi prestabiliti

- non possono pretendere di pagarti quanto una collaboratrice domestica (senza nulla togliere alle colf, ma va da sé che le attività sono diverse, le responsabilità sono diverse e le tariffe sono diverse)

- anche se stai a casa tu puoi fare esattamente le stesse cose che faresti se fossi residente in ufficio (a parte servire caffè e fare fotocopie, ma... sarebbe il caso di motivare i dipendenti con qualcos'altro)

- le ore di lavoro e ciò che fai possono essere monitorati in tempo reale con dei software speciali, che probabilmente non utilizzeresti con un'assistente fissa perché il fatto di averla nell'ufficio a fianco ti dà la garanzia che stia lavorando (palla cosmica - lo dice una che è stata nell'ufficio a fianco...)

- che la loro fiducia in te è ben riposta, perché a lavorare male tu hai tutto da perdere

- che non sei una stalker, quindi accetti anche risposte negative per un preventivo senza rompere ulteriormente le scatole

Ho visto cose che voi umani....

Ecco perché ho detto che i clienti devono soprattutto essere buoni, ovvero devono "capire" l'attività e avere il coraggio di provare qualcosa di nuovo, anche se ciò significa cambiare il metodo di lavoro.

È successo con uno dei miei primi clienti, un'agenzia di pubblicità "virtuale dove il mio referente era il Marketing & Communication Manager che lavorava da casa e gestiva un team di professionisti del settore.

Quando sono stata contattata la prima volta mi sono sentita dire "ho letto della sua attività e, guardi, ho pensato che bè questo è esattamente quello che ci vuole per me" e abbiamo iniziato a collaborare a distanza, ovviamente.

Dato che l'agenzia era in fase di startup ho ricercato e contattato dei potenziali clienti, ho fissato appuntamenti, ho sollecitato risposte a preventivi: tutte mansioni che hanno permesso al Marketing & Communication Manager di dedicarsi allo sviluppo dei progetti già in corso ed allo studio di quelli nuovi.

Una delle grosse difficoltà che ho avuto nello svolgere la mia attività, al di là del trovare i clienti, ha riguardato me stessa, cioè la gestione del mio tempo a casa. Per chi non ha mai provato a lavorare da casa, può suonare banale, ma per lavorare in questo modo serve molta autodisciplina. E io sono anarchica verso me stessa, ce l'ho dalla nascita. Ho dovuto quindi imparare a darmi ordini, a impormi dei tempi, ma soprattutto ad obbedirmi!

La mia giornata tipo inizia alle 7h15: colazione, giro con il cane, piccole faccende domestiche. Alle 9h vado in ufficio...in cucina. E sì, perché avendo io una passione sfrenata per la cucina, l'unico posto della casa dove mi sento a mio agio è la cucina, di conseguenza ho messo a punto dei sistemi innovativi (due cuscini sulla sedia, supporto per il pc) per poter lavorare al tavolo senza rischiare di diventare il Gobbo di Notre Dame.

Trasferisco l'ufficio in soggiorno solo quando ho delle skype call con qualche potenziale cliente, perché sarebbe troppo lungo da spiegare come mai dietro le mie spalle c'è una macchina del pane....

Suddivido la giornata in base ai lavori che devo fare e agli impegni personali, ad esempio, se ho delle visite mediche o commissioni da fare nella mattinata, il tempo lo recupero la sera; da quando ho conosciuto Davide Rampoldi, la mattina la riservo per quelle attività "in odor di materia grigia", scrivere gli articoli per il blog, ricercare materiale per dei post (miei o di clienti), impostare le pubblicazioni, scrivere eventuali lettere o email per i clienti.

Il bello di questa professione è che le cose che posso avere da fare sono diverse, per clienti diversi, di conseguenza una giornata non è mai uguale all'altra, bisogna organizzarsi la sera prima per il giorno dopo: è un lavoro assolutamente motivante!

Da quando ho iniziato (8 Marzo 2013, mi è sembrata una data propiziatoria), le cose sono cambiate molto. Prima questa era una professione totalmente sconosciuta, ora mi sento spesso dire "ah ne ho sentito parlare" oppure "non sapevo esistesse anche in Italia".

Ebbene sì, l'Assistente Virtuale è arrivata anche in Italia e porta una vera rivoluzione nel metodo di lavoro usato fino ad oggi, parliamo di innovazione, di vantaggi, di risparmio in termini di tempo e di denaro. Una AV può fare moltissime cose, è altamente sconsigliato avere preconcetti in tal senso.

Chiunque voglia riprendere a focalizzarsi sul proprio core business o decida di rientrare in possesso di una parte della propria vita privata o capisca che il tempo è un bene prezioso e abbia voglia di imparare a gestirlo al meglio, può rivolgersi ad una AV.

Ha il 99% di possibilità di risolvere il proprio problema o raggiungere il proprio obbiettivo. L'1% è per quelli che continuano a seguire la filosofia del "abbiamo sempre fatto così".

Come diceva il buon Seneca: "Chi è troppo indaffarato non può svolgere bene nessuna attività, perché una mente impegnata in mille cose non può concepire nobili pensieri"

Susanna Vai

www.activeandvirtual.it

Come prepararsi al meglio e in poco tempo a un colloquio di lavoro (o per un'intervista)

Anthony De Mello ha dedicato un libro a tutte le aquile che si credono polli, io voglio dedicare questo capitolo a tutti i "candidati delfini" che si credono "pesci morti" e perdono così del gran tempo nella ricerca di lavoro.

Prima di lavorare come selezionatrice del personale e successivamente come coach di public speaking, sono stata io stessa diverse volte una "candidata": conosco le tue paure e le tue ansie perché sono state anche le mie.

"Perché dovrebbero mai scegliere proprio me?"

"E se l'ansia mi fa brutti scherzi?"

"E se mi fanno qualche domanda alla quale non so rispondere?"

E mille altri pensieri di questo tipo in testa che, diciamocelo, non sono proprio i più produttivi per affrontare un colloquio di lavoro, anzi…

Ma ho una buona notizia per te: tu puoi "scegliere". Sì, puoi scegliere se affrontare un colloquio come un "pesce morto" o come un "delfino".

Se scegli l'opzione "candidato pesce morto" molto probabilmente perderai del gran tempo, vagando di azienda in azienda e di colloquio in colloquio, senza mai arrivare al traguardo. Se scegli invece di essere un "candidato delfino" raddoppierai il tuo vantaggio competitivo rispetto ai tuoi concorrenti e... scommettiamo che in breve tempo avrai non una ma più proposte di assunzione tra cui scegliere?

Ti starei chiedendo: qual è la differenza tra un "candidato pesce morto" e un "candidato delfino", giusto? Semplice: il primo perde tempo, il secondo no!

Il primo non ha alcuna consapevolezza delle tecniche di public speaking, il secondo conosce le tecniche di public speaking e le applica a suo completo vantaggio!

Il "candidato pesce morto" è passivo, è talmente focalizzato sui suoi pensieri negativi e sulle sue paure che non ha tempo per prepararsi al colloquio. Se si prepara, lo fa in modo molto superficiale, perché "tanto si sa, le domande ai colloqui sono sempre le stesse ed è impossibile entrare nella testa dei selezionatori".

Invece, il "candidato delfino" trasforma le sue paure in adrenalina, è sicuro di avere le carte giuste per quel posto di lavoro e proprio perché sa che alcune domande nei colloqui sono sempre le stesse non perde tempo: gioca d'anticipo e si prepara. In una parola, il "candidato delfino" è incredibilmente proattivo.

Come sosteneva il buon Benjamin Franklin, celebre scienziato e politico statunitense del Settecento, *"Fallendo nella preparazione, ti prepari a fallire"*.

Il "candidato delfino" conosce le migliori strategie per prepararsi al colloquio in breve tempo. Ad esempio, sa presentare se stesso in modo efficace in soli tre minuti. Dato che è scontato che gli verrà posta la domanda *"Ci puoi parlare di te?"*, il "delfino" si prepara a casa un discorso efficace che dura al massimo tre minuti.

Sappi infatti che nessun selezionatore al mondo pone quella domanda perché vuole ascoltare il romanzo della tua vita, anzi il selezionatore vuole capire come te la cavi a comunicare e se sei in grado di stabilire le priorità: sai venire al sodo e focalizzarti su ciò che è rilevante o ti perdi nei tuoi racconti?

Il formato ideale per presentarsi

Il "candidato delfino" per preparare il suo discorso di auto-presentazione (senza perdere tempo!) rispetta un formato ben preciso che ti invito ad utilizzare fin da subito per prepararti al tuo prossimo colloquio.

1) Spiega "chi sei"

Mentre il "pesce morto" esordisce nel modo più banale possibile dicendo "Mi chiamo Mario Rossi e abito a Milano" (come se il selezionatore non lo sapesse già dal curriculum!), il "delfino" esordisce con una frase meno scontata e più d'effetto, "Sono un appassionato di design, lavoro da dieci anni nel settore e ho un'esperienza di carattere internazionale. Proprio come voi, sono alla ricerca di...". Dopo questo incipit accattivante, il "delfino" spiega brevemente il suo attuale impiego, soffermandosi su quegli aspetti che più lo rendono simile al profilo ricercato dal selezionatore. Il linguaggio del "delfino" è pulito: frasi brevi, parole semplici (il "delfino" non abusa di gergo tecnico).

2) Spiega "da dove vieni"

Qual è il tuo passato professionale? Quali sono le esperienze professionali rilevanti per la posizione per cui stai concorrendo? Il "delfino" evita l'astrazione del "pesce morto", il "delfino" ama la concretezza. Il "delfino" non si limita a dire che è stato bravo a fare qualcosa, spiega come l'ha fatto, usa esempi, fa riferimento a fatti concreti (e in questo modo rafforza la propria credibilità agli occhi del selezionatore).

3) Spiega "cosa ti contraddistingue dagli altri candidati"

Perché un selezionatore, tra tanti altri, dovrebbe scegliere proprio te? Anche in questo caso, il "pesce morto" risponderebbe in modo astratto "perché sono competente, capace di lavorare in team, ecc.", invece il "delfino" argomenta le sue affermazioni, se dice di essere "competente" dimostra di esserlo (o di volerlo diventare sempre di più) con degli esempi, se dice di essere capace di lavorare in team, racconta degli aneddoti che dimostrano questa sua predisposizione.

4) Spiega "cosa ti motiva"

Il "pesce morto" di solito è motivato dal desiderio di fuga da una condizione che non lo soddisfa (un capo insopportabile, un lavoro noioso o scomodo da raggiungere, ecc.). Il "delfino" può anche avere il capo e i colleghi più insopportabili al mondo, può anche lavorare a 200 Km da casa, ma non si lamenterà mai di tutto ciò con il selezionatore.

Il "delfino" vuole lavorare nell'azienda in cui si è candidato perché ne condivide i valori (che ha letto sul sito), perché è convinto di trovare in quel tipo di lavoro, settore e cultura aziendale il terreno fertile per la sua crescita e il suo benessere professionale.

Ma il "candidato delfino" non si ferma qui, non si accontenta di un buon discorso di auto-presentazione, mira all'eccellenza (e intanto i "pesci morti" continuano a crogiolarsi nelle loro ansie e preoccupazioni perdendo del gran tempo).

Come passare al livello successivo

Vediamo ora insieme le quattro strategie usate dal "delfino" per portare all'eccellenza il suo discorso di auto-presentazione:

1) Stabilire una connessione emozionale con il selezionatore.

Il "delfino" usa un linguaggio emozionale, parla di "passione", "sfide", "percorso", "ambizione". Il "delfino", inoltre, sa che la somiglianza crea vicinanza e nel presentarsi usa le stesse parole usate nel sito dell'azienda e nell'annuncio.

2) Usare ironia.

Lo humor (se di buon gusto e adeguato ad un colloquio) alleggerisce l'atmosfera, avvicina il selezionatore e gli fa capire che il candidato è capace di sentirsi a suo agio anche in un colloquio e di stabilire rapidamente una connessione emotiva con colui che ha di fronte (e quindi anche con i suoi potenziali futuri colleghi). Certamente lo humor denota anche intelligenza. Particolarmente efficace può essere un po' di sana autoironia. Prova a pensare: come puoi rendere divertente il tuo discorso di auto-presentazione?

3) Usare efficacemente la voce e il linguaggio del corpo.

I "pesci morti" parlano o troppo velocemente o troppo lentamente. Il risultato? Il selezionatore si annoia a morte e perde presto il filo del discorso e quindi l'interesse verso il candidato. Inoltre i "pesci morti" tendono a avere testa e spalle basse, a giocare con gli occhiali o con la penna (tradendo così la loro agitazione), dimostrando così di avere timore del selezionatore (e dunque una bassa autostima).

I "delfini", invece, parlano con la giusta velocità, mai in tono monocorde, fanno pause e usano i gesti per rafforzare ciò che dicono. Certo i "delfini" non temono i selezionatori, infatti tengono le spalle e la testa alte, e non giocano né con gli occhiali né con la penna.

4) Rispondere ai bisogni del selezionatore, non ai propri.

I "pesci morti" sono convinti di andare ad un colloquio per rispondere ai propri bisogni (sicurezza economica, voglia di nuovi stimoli, desiderio di crescita professionale, ecc.). La verità è che i selezionatori sono lì per rispondere innanzitutto ai bisogni dell'Azienda per cui lavorano (se poi questi bisogni coincidono con quelli del candidato tanto meglio per entrambi). I "delfini" indagano sui bisogni dell'Azienda (se non li hanno ben chiari, li approfondiscono telefonicamente con il selezionatore prima del colloquio) e fanno ruotare la loro presentazione proprio intorno a tali bisogni.

Preparare e presentare efficacemente un discorso di auto-presentazione ti darà un notevole vantaggio competitivo rispetto ai tuoi concorrenti.

Se non hai tempo da perdere e vuoi acquisire velocemente un metodo per comunicare efficacemente davanti a selezionatori del personale, davanti a potenziali clienti o potenziali business partner, ti consiglio di investire in un percorso individuale di coaching per il public speaking.

Idem se hai poco tempo e vuoi avere una presentazione perfetta da usare a breve: avere un coach che la prepara per te dopo averti intervistato in modo approfondito è la soluzione ideale per massimizzare l'uso del tuo tempo.

Se invece vuoi intraprendere un percorso più "tranquillo", crescere gradualmente e non hai necessità di fare un grande salto di qualità in tempi brevi, o vuoi tenerti allenato dopo il lavoro fatto con un coach personale, ti consiglio di iscriverti in un Club Toastmasters (www.toastmasters.it), una vera e propria palestra di comunicazione, nella quale ti allenerai costantemente a comunicare come un "delfino". Con le giuste strategie e con l'allenamento presto diventerai un "delfino" d'eccellenza e ... prepararti: sarai presto conteso tra più aziende come candidato, fornitore o partner! :-)

Chiara Alzati **www.chiara-alzati.com**

Ha intervistato più di 300 candidati negli ultimi quattro anni e oggi aiuta imprenditori, manager e professionisti a presentare se stessi, i loro prodotti o servizi in modo efficace e rapido.

Offre percorsi individuali di coaching e organizza workshop dedicati a migliorare alcune tecniche di public speaking.

Impara a parlare in pubblico con il metodo Toastmasters

Potrei dirti che Toastmasters International è un'associazione per la diffusione della cultura del "Public Speaking", che è l'unico metodo di auto-apprendimento e di crescita personale "learn by doing".

Potrei dirti che Tostmasters è un'organizzazione riconosciuta in tutto il mondo e che ha visto transitare nei suoi club molte delle persone che contano e governano il pianeta e l'economia.

Nato nel 1924 ad opera di Ralph C. Smedley in un modesto scantinato della YMCA, oggi Toastmasters International è presente in tutto il mondo con 14.000 Club e oltre 300.000 membri attivi.

Potrei anche dirti che Toastmasters è un'organizzazione educativa senza scopo di lucro, che opera attraverso i club in tutto il mondo con un unico scopo, aiutare i membri a migliorare la propria comunicazione, apprende quelle competenze di un arte antica come il mondo l'arte oratoria.

Potrei dirti che Toastmasters International offre un programma di progetti educativi di comunicazione e di leadership studiati per aiutare uomini e donne ad imparare l'arte del parlare, dell'ascoltare.

Potrei dirti infine che l'iscrizione è aperta a tutte le persone di almeno 18 anni che desiderano migliorare le loro capacità nel comunicare e che Toastmasters International ha una politica di non discriminazione di etnia, nazionalità e genere.

Per descrivere Toastmasters non serve dire cos'è... va provato

Vedi, nella vita possono avvenire cambiamenti repentini.

Per esempio trovi un lavoro lontano da casa e vai a vivere da solo. E non hai più mammina che cucina, ti stira le camicie e lava la biancheria...

Ora te la devi cavare da solo, imparando a cucinare, usare la lavatrice e persino il ferro da stiro.

Puoi anche leggere tutti i manuali di istruzioni che vuoi o guardare ore e ore di tutorial su YouTube, ma se non fai pratica, non riuscirai mai ad essere un lavandaio impeccabile

Ecco perché nel metodo Toastmasters si usano dei manuali di base (improntati alla filosofia del "imparare facendo") nei quali ogni membro apprende al ritmo più appropriato per le sue necessità di sviluppo.

Il programma educativo è diviso in due percorsi separati: Comunicazione e Leadership. I membri progrediscono lungo ciascun percorso presentando discorsi, ricoprendo ruoli e assumendosi responsabilità sempre crescenti all'interno dei club.

Come funziona nella pratica?

I membri iscritti devono sostenere vari progetti e, a turno, tenere un discorso di fronte al club rispettando dei tempi molto rigorosi (un'ottima palestra nel caso degli Italiani abituati a tirarla inutilmente per le lunghe).

Cosa lo differenzia dai corsi di public speaking?

Dopo aver tenuto la presentazione del progetto, ogni oratore è valutato da più colleghi sulla base di criteri specifici per ciascun progetto. La caratteristica distintiva dei club Toastmaster è quindi la valutazione continua e la possibilità di esercitarsi in un contesto protetto e ricco di incoraggiamenti.

Ogni attività svolta all'interno del club è valutata. Gli stessi valutatori sono valutati, alla fine della riunione, dal General Evaluator. Questo riscontro immediato fornisce a ciascun membro indicazioni precise su come può migliorare le sue capacità di comunicazione per il discorso seguente o su come ricoprire meglio uno dei tanti ruoli di leadership disponibili per ogni incontro.

Come fare il primo passo se sei curioso

Cerca il club più vicino a te sul sito www.toastmasters.it e partecipa gratis a uno o più incontri. Capirai subito le differenze che ci contraddistinguono da altri metodi di apprendimento per la comunicazione efficace, soprattutto di fronte a un pubblico numeroso.

Gli ospiti in Toastmasters sono sempre i benvenuti e più persone partecipano ai nostri meeting più siamo felici e soddisfatti.

Ti aspettiamo!

Claudio Russo

Consulente per lo sviluppo commerciale e Presidente TheXplorers Toastmasters Club Milano 2014

Parte 3

MOTIVAZIONE

Scarica i BONUS di questo libro

www.velocesenzacorrere.it/bonus

10 cose che le persone di successo NON fanno

Se vuoi davvero imparare a **raddoppiare la tua produttività** in poco tempo (e con sforzi contenuti) ho un'ottima notizia per te: puoi farlo.

Basta prendere spunto da un settore apparentemente distante anni luce: quello dell'alimentazione e delle diete.

Ora, pensaci bene e rispondi a questa domanda:

Qual è la **dieta migliore** di tutte?

La Mediterranea, quella a Zona, la Paleo, la GIFT, quella Low-Carb o quella Low-Fat, o la Dukan?

Te lo dico io… Tutte e nessuna.

Prendi la penna rossa e scrivi sul tuo taccuino degli appunti:

QUELLA CHE PORTI A TERMINE DA CIMA A FONDO ☺

C'è però un aspetto che accomuna quasi tutte le diete e che è davvero l'ingrediente principe di questo articolo.

Tutte, senza nessuna esclusa, partono da una base comune: **"elimina le porcate" e i vizi.**

Ecco, se vuoi davvero diventare super efficace e produttivo

- non devi per forza imparare tecniche ninja
- non sei costretto a rivoluzionare la tua vita
- non devi necessariamente iniziare a coltivare nuove abitudini come uno stakanovista talebano

No. Basta che elimini la *monnezza* e quelle attività perditempo che

1. non ti rendono nulla
2. ti costringono spesso a lavorare tanto e senza risultati
3. sono spesso collegate a tuoi vizi o debolezze

Ecco allora una lista di **attività che le persone super-produttive evitano** accuratamente di fare.

Stai dunque lontano anche tu dagli errori qui sotto e sarai in grado di aumentare la tua produttività del 200% in poco tempo.

1) Non aspettano fino a quando *si sentono motivati,* semplicemente lo fanno

"I dilettanti siedono e aspettano l'ispirazione, il resto di noi semplicemente si alza e va a lavorare."

Stephen King

La tua capacità di fare le cose quando non hai voglia determina quanto vieni pagato alla fine della settimana o del mese.

OK, la vita non è sempre una grande esperienza. Molte volte i cattivi umori sono incontrollabili e nel tuo film non sempre i buoni vincono e le canaglie finiscono in galera.

È per questo che la **capacità di trascurare il tuo cattivo umore**, e mettere da parte i tuoi sentimenti durante il lavoro è un'abilità importante se vuoi essere super produttivo e concludere molti compiti in poco tempo.

NO MATTER WHAT

Mi ricordo di Alex Schwazer, il marciatore che molti ricorderanno solo per il doppio scandalo doping, raccontare su un giornale di quando andava a correre a Natale, con 10 gradi sottozero e mentre pioveva o nevicava… alle 5 di mattina, prima di andare a lavorare.

Doping sì o doping no, quanti sono disposti a farsi un mazzo così?

Di certo restare a letto è molto più invitante, ma i risultati sono impietosi al riguardo.

2) Non corrono senza un piano

Sapere dove sei diretto è la metà della strada.

Le persone produttive lo sanno bene e per questo **pianificano quasi tutto**, dagli obiettivi a lungo termine agli impegni di domani.

E, per inciso, fanno in modo di ricordarselo il più possibile, a costo di pagare qualcuno per farlo (la tua segretaria o un'assistente/coach).

Hanno chiaro ciò che vogliono e come possono raggiungerlo: ciò gli conferisce un senso di relax e di fiducia nella loro capacità di ottenere ciò che vogliono e, nel frattempo, fornisce lucidità nelle scelte per non farsi abbindolare da *chimere altrui* che li porterebbero lontani dalla meta.

3) Non sabotano loro stessi

Anche quando si svegliano tardi, procrastinano o si sentono pigri (sono esseri umani anche loro), non si battono contro loro stessi.

Lavorano duramente e alla fine si sentono bene con se stessi e accettano qualche sconfitta ogni tanto, perché fa parte del gioco.

C'è, in tutta onestà, che sono anche molto *bravi a vendersi bene* e nascondere pubblicamente questi tratti di debolezza.

4) Non sono realistici quando si tratta delle loro abilità

Quando si tratta delle tue capacità e aspettative, è meglio essere un illusionista che essere modesto o realistico.

Le persone di successo e vincenti, sono sicuri delle loro capacità. Credono di **poter realizzare qualsiasi cosa** e si aspettano che il meglio debba venire.

Questo è molto importante per essere produttivi.

Avere tali opinioni su te stesso ti spingerà (anche se sei la persona più pigra sulla terra) ad intraprendere azioni al fine di giustificare le tue convinzioni. Ciò farà aumentare la tua resistenza al duro lavoro.

Ogni volta che ti senti incapace, semplicemente chiediti: "avere questa convinzione mi ha mai aiutato?"

Se no, sbarazzati di essa e assumi una **nuova credenza**, perché alla fine della giornata una convinzione sbagliata che ti fa sentire bene è molto meglio di una più realistica che ti fa sentire incompetente.

5) Non lasciano i compiti più grandi alla fine

Le persone super produttive hanno l'abitudine di partire con il loro compito più importante o più difficile.

Anche mio nonno Diego (che ora ha 101 anni) ha sempre sostenuto questo doppio principio:

- la cosa più difficile va fatta subito
- la scrivania deve essere il più sgombra possibile

Ciò rende più semplice la loro vita per il resto del giorno e dà loro una spinta supplementare di fiducia.

Inoltre, come abbiamo raccontato nel webinar con <u>Alex Billico</u> e con <u>Luca Vanin</u>, seguire la **regola delle 3 cose più importanti** da fare prima di pranzo è davvero uno dei migliori insegnamenti che io conosca e tu possa applicare subito per aumentare la tua produttività.

6) Non fanno tutto da soli (delegano quello che possono)

Le persone produttive tendono a non essere maniaci del controllo e ad accettare l'idea che non possono fare tutto da soli.

Fanno ciò che nessun altro può fare per loro, ma esternalizzano o <u>delegano il resto</u> a persone in grado di gestire questi compiti.

Così hanno più tempo per concentrarsi sulla loro vita e crescita personale.

7) Evitano ogni tipo di interruzione

È difficile essere produttivi quando si è sempre distratti.

Per essere efficienti è necessario evitare qualsiasi cosa che ti porti fuori dal tuo flusso mentale e concentrarsi di più su come portare a termine le cose velocemente.

Nel mio libro ne parlo come i *15 killer della produttività*, ma qui ne voglio ricordare solo 3, i peggiori:

* Spegni il telefono
* Chiudi il browser Internet e la mail
* Sbarra la tua porta della camera o dell'ufficio

Applicali quanto più riesci e ti assicuro che, riuscendo ad essere più concentrato, sarai anche più efficace e produttivo.

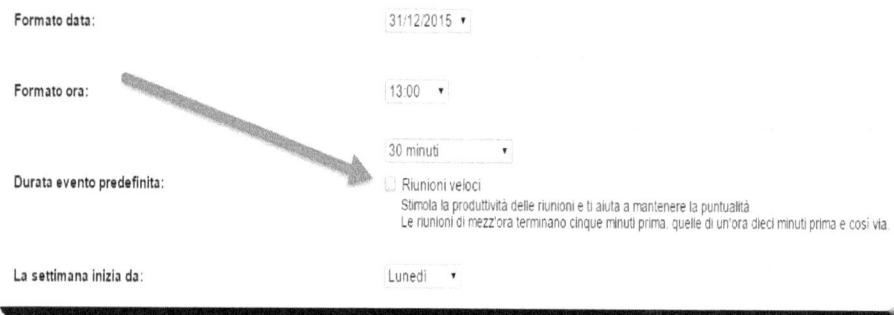

8) Non iniziano senza una scadenza

Una scadenza ti farà correre più veloce e ti dà un senso di urgenza.

Non solo: farà lo stesso con i tuoi colleghi e collaboratori e ridurrà al minimo, specie nelle riunioni, la *sindrome di Parkinson* (sì, come quello del morbo, ma vuol dire un'altra cosa).

Prova a impostarne ancora di più brevi. Già con questo piccolo stratagemma, potresti raddoppiare la tua produttività.

Se ci hai mai fatto caso perfino Google Calendar suggerisce riunioni più brevi (v. foto sopra).

9) Non cambiano la loro routine

Perché cambiare un piano vincente?

Al massimo quello che fanno è **perfezionarlo**, **adattarlo** a nuove condizioni di lavoro, mercato, famiglia...

Il trucco qui è di creare una routine e mantenerla abbastanza a lungo per capire se funziona meglio della precedente oppure no.

Non ha invece senso cambiarla ogni giorno o settimana, perché la produttività **non è uno sprint ma una maratona** e le routine sono semi che vanno piantanti e lasciati crescere prima di vedere se le piante che nascono daranno buoni frutti

Tagliarli quando sono ancora degli esili steli è folle... ma molto diffuso.

10) Non sono multitasking

È stato già detto, ma non mi dispiace ripeterlo: il cervello, il mio cervello e il cervello di tutti, non è stato progettato per il multitasking.

Concentrati su **una cosa alla volta** e farai le cose più velocemente e sarai più efficace, anche del tuo vicino di casa, di banco o di scrivania che pensa di essere più intelligente di te (e non manca di fartelo pesare ogni giorno).

Non ti ha mai sfiorato un pensiero del tipo: "perché quel cretino di... adesso è ricco/di successo/famoso e IO no?"

Robert Shemin, ci ha addirittura scritto un libro di enorme successo.

Ora inizia da qui

Amico mio, non pensare (specie a breve termine) di essere un fenomeno come Ronaldo, raramente siamo così intelligenti come vorremmo essere e come ci piace farci vedere dagli altri.

Fai invece poche cose e bene e vedrai che *farai mangiare la polvere* a tanta gente quando sarai diventato super produttivo ed efficace, smettendo di fare troppe cose inutili e **concentrandoti** solo su quello che davvero può fare la differenza.

E poi raccontami via mail la tua esperienza:

- **quale** di queste cattive abitudini sono più radicate in te
- una piccola **storia** collegata a queste "cose da non fare"
- il tuo **progetto** personale in 3 passi per eliminarle dalla tua vita

Link e Risorse utili per questo capitolo

Robert Shemin: Perché quel cretino è ricco e io no?

http://9nl.it/cretino-ricco

Webinar con Alex Billico

www.youtube.com/watch?v=p0lQ-nVdnrw

Webinar con Luca Vanin

www.youtube.com/watch?v=F_i686fh8lk

I 15 Killer della Produttività

www.temposuper.com/acquista-libro-sergente/

La corsia più importante da occupare, se vuoi ottenere risultati

Leggevo tempo fa sulla Gazzetta dello Sport un articolo a proposito di Pietro Mennea. Era appena uscito il film in tv e l'argomento era super gettonato.

Come dovresti ormai sapere, io della Gazzetta salto a piè pari la metà iniziale, quella che parla di calcio: roba da bar e mediamente squallida.

Mi concentro invece sugli sport minori, tra cui l'atletica ed il ciclismo, e leggo volentieri alcuni approfondimenti. Infatti spesso mi capita di scovare delle pepite di cui poi parlo nel blog, sui libri o nelle mail che invio periodicamente a chi è iscritto alla newsletter.

Così eccomi qui a parlarti di cosa ho letto quel giorno.

In un'intervista, la "Freccia del Sud" (così era soprannominato Mennea) diceva:

La vita è come una pista da 8 corsie: 7 le decidono gli altri.
Ma una deve essere totalmente sotto il tuo controllo.

Cosa c'entra tutto questo con il tuo lavoro e con la gestione del tempo?

Perché la nostra giornata è piena zeppa di:

- interruzioni inattese
- cose che andranno storte
- nuovi problemi e sfide

Per questo, se continuiamo a correre solamente dietro agli altri (cose o persone che siano), faremo sempre il loro gioco e non combineremo niente di buono e duraturo.

Le 7 corsie ci saranno sempre e contro di noi.

Ma il nostro compito è quello di **recintare il terreno dove corriamo**. Costruiamo barriere invalicabili e, in quella corsia tutta nostra, decidiamo cosa fare. E facciamolo al meglio, ogni giorno, incuranti di quanto accade intorno.

Meglio 30 minuti focalizzati che una giornata intera a rincorrere gli altri concorrenti. Finiamo solo per diventare pazzi o frustrati... non è vero?

Funziona anche per chi non ha un momento libero?

Ovviamente sì e ne parlo ampiamente nel mio primo libro *"I Segreti Militari per Gestire il tuo Tempo come un Sergente Istruttore"*, in particolare nel capitolo 10, dedicato a scovare ed uccidere i **15 killer della tua produttività**.

Ora inizia da qui

Concentrati su quella corsia che è tutta tua, difendila con i denti e con le unghie e, come è accaduto anche a me, i risultati inizieranno ad arrivare.

Perché in quel caso sei solo tu a deciderli. Nella tua corsia tu detti le leggi e gli altri non contano.

Smettila di rincorrere i fantasmi e gioca la tua vita. Sei ancora in tempo per seguire il consiglio di Pietro Mennea. E stabilire il tuo primato personale.

3 ottimi motivi per rimandare ogni decisione

Quante volte, fin da quando eri piccolo, ti hanno detto "mai rimandare a domani quello che puoi fare oggi?".

Probabilmente allo sfinimento. I genitori sono dei maestri in questa specie di *ipnosi collettiva* che inizia appena impariamo a parlare e non ci abbandona più. *Rimandare decisioni* è **una specie di peccato originale** che ci macchia indelebilmente per tutta la vita.

Anche mia madre e mio nonno Diego (101 anni suonati e ancora in gamba) mi hanno ripetuto per anni questo concetto, con le migliori intenzioni e pensando di darmi un insegnamento duraturo e di altissimo valore.

Tuttavia, col senno di poi, devo ammettere che fare le cose subito ha anche degli aspetti negativi non trascurabili.

Ci sono almeno 3+1 buone ragioni per cui, se devi svolgere un compito, farlo immediatamente (o quasi) non è molto intelligente:

1) Interrompe il tuo **stato di flusso**. Anche tu, infatti, avrai dei momenti creativi, altamente produttivi, di grande concentrazione, in cui diventi un piccolo Re Mida e trasformi in oro tutto quello su cui metti le mani.

Bloccarti in questi frangenti per fare qualcosa che, per giunta, ti fa pure schifo, non è per niente una buona idea. *Meglio rimandare quindi.*

2) Se l'attività da fare non è tanto semplice da essere considerata "no brain" (quindi non devi pensare minimamente a come svolgerla) mettersi a svolgere qualcosa di scollegato è un vero disastro produttivo: si finisce con l'aprire delle **parentesi continue**, dato che non si hanno probabilmente tutte le informazioni a disposizione per concludere il compito rapidamente ed in modo ineccepibile.

Meglio quindi raccogliere prima tutte le informazioni e posticipare l'esecuzione solo a quando sarai veramente pronto per svolgere l'attività al 100%.

3) Alcuni compiti possono essere facilmente **raggruppati** in quanto della stessa tipologia: penso alla sistemazione delle fatture, delle spese, al controllo dei pagamenti... Per quanto possano essere urgenti cercare di unire in un unico spazio temporale omogeneo è molto meglio.

Infatti il software che userai sarà lo stesso, gli spazi fisici i medesimi e persino la tua mente dovrà processare informazioni simili, evitando di saltare di palo in frasca, da un argomento ad un altro.

Il multitasking, come hanno dimostrato tutti gli studi più recenti, solo **raramente è un vantaggio**. E questa non è una delle eccezioni.

Tuttavia la mia ragione preferita è questa:

4) Rimandare un'attività, soprattutto se lo fai in modo seriale e per più giorni di fila, può significare solo che:

- è un'attività che è talmente importante (ma difficile) che devi trovare un modo più intelligente per metterla in atto; perché se non lo fai mai il tuo business potrebbe risentirne in modo critico
- è un compito talmente schifoso e odioso che il tuo subconscio, giustamente, ti dice "non farlo... è per la tua salute mentale"; quindi devi solo trovare un modo più intelligente per
  - non farlo tu,

- non farlo proprio
- non farlo adesso ma trovando una data da dedicare (v. punto 2) alle sole attività spazzatura

Personalmente, fino a quando non avrò un maggiordomo a disposizione, ci sono alcuni compiti casalinghi che mi trovo costretto a fare. Per esempio sistemare il garage, pulire i balconi, imbiancare, andare in discarica...

Come gestire al meglio i compiti pallosi senza farsi travolgere (né fare arrabbiare il tuo partner)

Molti considerano questi compiti "no brain", tuttavia richiedono spesso una fase preparativa, per predisporre gli strumenti utili per portarli a termine senza doversi interrompere a metà strada e andare al Brico a comprare i pezzi che mancano (come spesso è accaduto in passato).

Quindi, cercando di mettere a tacere le comprensibili lamentele di mia moglie Manuela, del tipo:

- non fai niente per la casa
- devo sempre chiederti le cose 10 volte prima che le fai
- è da 3 mesi che ti dico di fare quella cosa

ho raggiunto la condizione quasi-ideale per cui **dedico delle 1/2 giornate solo a questo tipo di incombenze** super-pallose e che, purtroppo, devo fare io e nessun altro.

In aggiunta ho trovato che posso rendere il lavoro ingrato molto più piacevole se **cambio il contesto** in cui lavoro. Per esempio ascolto della musica, dei corsi di formazione o dei podcast.

Così, mentre le mani riordinano il garage, la testa (siccome è un lavoro "no brain") è sgombra e può dedicarsi ad altro.

Sembra l'uovo di Colombo, ma ti assicuro che, facendo in questo modo, i pomeriggi passano molto rapidamente ed in modo molto più proficuo. Con buona pace di mia moglie che si lamenta un po' meno.

Ecco cosa puoi fare tu quando hai attività simili da portare a termine

1) Chiediti se è un compito critico per il tuo business oppure solo odioso

- Se è critico prova a dividerlo in sotto-compiti per renderlo più fattibile e alla tua portata
- Se solo odioso, cerca di delegarlo a qualcuno oppure di accorparlo con compiti simili

2) Dedica delle 1/2 giornate a svolgere attività dello stesso tipo, possibilmente "no brain", e (se ti è possibile) alleviando il peso con della musica, ascoltando la radio o la tv... qualunque cosa ti allevi il peso di dover portare a termine questi compiti.

3) Prova anche, specie se si tratta di attività ad alto valore aggiunto, a svolgerle in un contesto differente, fuori dal posto di lavoro tradizionale, così che il tuo subconscio si abitui ad associare il nuovo contesto a quel tipo di attività specifica. A volte basta girarsi dall'altra parte della scrivania o usare una sedia differente (io, quando lavoro da casa, faccio proprio così).

E, soprattutto, presta attenzione alla tua **vocina interna**, quella che ti avverte se stai rimandando solo perché è difficile ma utile, o facile ma inutile e non affatto gratificante.

Rimandare strategicamente un'attività diventerà quasi un gioco.

Tutte le volte in cui, invece, dovrai svolgere un compito tosto e critico, e quindi ti trovi bloccato e pronto a trovare ogni genere di scusa per non farlo, puoi mettere in pratica uno dei **7 rimedi anti-rimandite** di cui parlo nel mio libro *"I Segreti militari per Gestire il tuo Tempo come un Sergente istruttore"* (il capitolo 13 è quello che fa al caso tuo).

www.temposuper.com/vai/libro/

Lì troverai 7 semplici trucchi per ingannare la tua mente e metterti in moto immediatamente, con una facilità che ti lascerà stupito a chiederti "ma bastava solo quello?". Sì, a volte è proprio così.

Io sono sempre stato un procrastinatore seriale (e la mia indole è ancora quella, quindi ti capisco molto bene), ma da quando ho scoperto e metto costantemente in pratica 2 o 3 dei suggerimenti che trovi qui, devo ammettere che la quantità e la qualità del mio lavoro è migliorata moltissimo.

E persino mia moglie ha (quasi) smesso di lamentarsi ☺

Ora inizia da qui

Fatti un regalo perché te lo meriti. Smettila di pensare che sia tutto un dovere e che non ci siano altre soluzioni.

Ci sono solo scelte, che a volte sono un po' obbligate perché non abbiamo ancora collaboratori o abbastanza soldi per un aiutante esterno.

Tuttavia puoi trovare anche tu un modo più intelligente per organizzarti, pianificare, accorpare o eliminare del tutto dalla tua vita qualche attività che odi.

Chiediti profondamente "la faccio solo per non sentire più Tizio/Tizia lamentarsi oppure perché ha un significato più profondo?"

Quasi sempre la risposta giusta è la prima. In questo caso fatti un pieno di autostima, riconosci che **stai solo cercando di compiacere qualcun altro** e, se proprio devi farlo, almeno fallo alle tue condizioni e nel modo che preferisci.

Cornuto sì, ma non mazziato fino in fondo.

Come finire i 10 progetti che hai iniziato e mai terminato grazie a Plutone

Quando sono tornato dalle vacanze in Romagna ho condiviso con i miei lettori una **piccola ma significativa riflessione** sul tema a noi caro della Gestione del Tempo e della realizzazione professionale e personale.

Ecco l'antefatto. Una sera, durante le vacanze, ho affittato il *super typhoon* (una specie di grande aliscafo a due piani) e ho portato la mia famiglia al largo a vedere le stelle.

Con noi c'era anche un astronomo che ci ha mostrato le diverse costellazioni, molto bravo nel suo lavoro ma anche a fare marketing di se stesso.

È stata sicuramente l'occasione per vedere cose interessanti e singolari, che di certo non abbiamo modo e tempo di fare quando siamo in città. Ci ha descritto con dovizia di particolari la costellazione dell'Orsa Maggiore e dell'Orsa Minore, Saturno e Venere, ma quello che ha destato in me la maggiore curiosità è stato Plutone perché ho collegato all'istante la sua storia alla mia professione.

Ma cosa c'entra Plutone con la Gestione del tempo?

Sappi che una volta Plutone era l'ultimo pianeta del sistema solare, ma a seguito degli ultimi studi e delle ultime misurazioni effettuate è stato declassato al rango di mini-pianeta. Anche per me questa è stata una rivelazione…

La sonda inviata su Plutone, che è arrivata vicinissima al "pianeta" ma che poi è stata spazzata via dalla forza di gravità, riusciva sì ad assolvere al suo compito di inviare informazioni sulla Terra, ma queste arrivavano a Cape Canaveral con quattro ore e mezzo di ritardo. E altrettante ore passavano dal momento in cui venivano inviate indicazioni dalla Terra alla sonda.

Potrai ben capire che in questo lasso di tempo così esteso poteva succedere di tutto. Quando si parla di distanze così siderali diventa impossibile pensare di poter intervenire in maniera rapida e tempestiva nel caso di situazioni impreviste, perciò le sonde sono state progettate in modo da "proteggersi" da sole e ripararsi in autonomia per ovviare ad ogni problematica che possa presentarsi.

Quando sono tornato in albergo, ho ricollegato questa situazione a quella molto più terrestre che avviene quando ci si fa la doccia e i rubinetti dell'impianto sono un po' datati. A volte, soprattutto negli alberghi, si trovano ancora le docce con i rubinetti dell'acqua calda e dell'acqua fredda che ti **fanno impazzire per ottenere la giusta temperatura dell'acqua** e non ti danno affatto una risposta immediata.

Se io ottenessi la miscelazione e la temperatura perfette - o quasi - dell'acqua appena mi metto sotto la doccia, non esisterebbe alcun problema, perché **avrei una risposta immediata** al mio bisogno e in caso di necessità potrei agire subito e mettere in campo le micro-correzioni necessarie ed avere l'acqua giusta per me.

Se invece io apro il rubinetto ma la risposta giunge dopo cinque o sei secondi, la situazione cambia di molto.

Ma allora cosa c'entra tutto questo con la gestione del tempo, con il tuo business, con la tua vita o con il tuo lavoro?

La risposta è semplicissima e si collega ad un'affermazione di Dan Kennedy, noto marketer USA, secondo il quale:

good is good enough

Ciò che è buono va già bene così e non è necessario puntare subito alla perfezione. O, meglio, è giusto mirare all'optimum, ma bisogna tenere presente che difficilmente sarà ottenibile al primo tentativo.

Quello che devi fare è **incominciare a fare qualcosa**, non per ottenere la perfezione, ma per avere dei feedback e delle risposte grazie alle quali metterai in campo le correzioni che ti porteranno al miglioramento e al raggiungimento dei tuoi obiettivi.

Dovrai essere estremamente pronto e reattivo nel preparare qualcosa, nel vedere e valutare la reazione, nel mettere in atto la contro-reazione.

Non dovrai concentrarti troppo sulla perfezione, perché rischieresti di arrivare in ritardo rispetto alla concorrenza, ma fare una prima implementazione e valutare i feedback. E quanto più sarai **veloce ad effettuare le dovute correzioni**, tanto meglio sarà per te.

Usa questa bussola essenziale

Che si tratti del tuo lavoro, della tua vita privata, di sport, incomincia ad agire dandoti un piccolo input, anche quotidianamente, ed incomincia a capire come si sta muovendo il tuo corpo, il tuo business, i tuoi clienti in funzione di questa azione che tu compi.

Poi ripeti il tutto per più volte nella stessa maniera e valuta se la risposta è statisticamente significativa. **Non mettere in atto troppe modifiche**, perché altrimenti avresti troppi dati da analizzare e saresti in difficoltà nell'amalgamarli. Continua a fare la stessa cosa nello stesso modo, crea un percorso prevedibile ed incomincia ad analizzare le risposte.

Prendi come esempio l'invio di una salesletter. Potresti mandarne una scritta in un certo modo e dopo un certo lasso di tempo un'altra con le stesse caratteristiche, e via così. Da quest'azione potresti ottenere risultati diversi, magari positivi, magari migliorabili, oppure negativi.

Quello che ti consiglio di fare è uno **split test**: fai la stessa cosa seguendo sia il metodo tradizionale sia la variante e valuta quali sono i risultati che ti porta ciascuna di queste modalità. Quello che è importante è captare le informazioni che ti giungono e cercare una contro-risposta da schierare in campo.

Ora inizia da qui

Non iniziare pensando all'implementazione perfetta che ti richiederebbe dieci ore di lavoro. Pensa a quale potrebbe essere **l'implementazione sufficiente per poter partire** e da elaborare in un'ora di lavoro, poi valuta la risposta che ti arriverà.

Sarà sulla base di questa che potrai migliorarti. Allo stesso tempo avrai risparmiato nove ore e ottenuto nove risposte che ti avranno fatto capire come si è mosso il mondo in funzione della tua azione.

Pensa allora al tuo obiettivo, descrivilo in una paginetta e mettilo in pratica. Attendi i risultati e sulla base di questi effettua le modifiche e le correzioni necessarie.

Vedrai che il successo non tarderà ad arrivare!

Ti aspetto sulla pagina Facebook per leggere quello che hai combinato di buono applicando questi principi.

www.facebook.com/CorsoTempoSuper/

Come proporti ai clienti senza svenderti (soprattutto se sei l'ultimo arrivato)

Un giorno ricevetti una mail molto interessante da parte di Elena C., giovane architetto, con ancora poco "giro", ma con tanta voglia di sfondare.

Mi chiedeva un consiglio per capire come potersi proporre ai clienti - che faticano anche a pagarla - in modo intelligente, competitivo e senza svendere la sua professionalità, in un settore dove la concorrenza è molta e in un paese come l'Italia, dove la figura dell'architetto è **percepita** mediamente non tanto come quella di un professionista laureato, ma come quella di un eccentrico disegnatore, amante del lusso e degli accostamenti improponibili.

Ora, pur non essendo io un esperto di marketing e brand, qualche migliaio di euro in corsi di formazione l'ho speso, così ho deciso di dare una mano ad Elena basandomi sui molti anni di esperienza diretta come imprenditore e libero professionista.

Questi consigli non valgono solamente per gli architetti, ma possono essere utili anche ad un commercialista, avvocato, ingegnere, informatico, giornalista, panettiere, barista o amministratore di condominio...

Le risposte che ho fornito sono assolutamente generiche. Sta a te **adattarle al tuo settore** e trarne ogni beneficio.

Elena mi chiedeva: "Nel mio settore, dove potrei inserirmi in qualità di infomarketer?"

La verità è che se tu sei un professionista non dovresti pensare all'info-marketing in sé e per sé perché altro non è che il modo di farsi pubblicità, di farsi conoscere dal pubblico e dal mercato.

È invece molto più importante che tu comprenda **cosa puoi offrire di differente** rispetto alla tua concorrenza al tuo pubblico di riferimento e se questo sia disposto a pagare per usufruire del tuo servizio.

Quello che ti consiglio di fare all'inizio è **un'indagine di mercato** per stabilire cosa ti piace fare scegliendo un settore della tua professione che ami particolarmente.

In secondo luogo è di centrale importanza che tu capisca se quello che a te piace possa trovare una corrispondenza ed un favore sul mercato. È ovvio che **se ci sono molte persone interessate** ad un determinato prodotto o servizio, significa che esiste un mercato in quel settore e allora potrai sfruttarne le potenzialità.

Altrettanto vitale è capire e far capire al tuo mercato perché sei diverso (e migliore) rispetto agli altri professionisti. Da qui dovrai ritagliarti una fetta di pubblico rubandolo alla tua concorrenza.

Una volta che avrai terminato quest'analisi di mercato, saprai chiaramente contro chi devi combattere, a chi parlare, quali strumenti utilizzare e **quale tipologia di comunicazione adottare** per proporre i tuoi servizi o prodotti (sia online che offline).

Individuata la tua *nicchia di mercato*, è fondamentale che tu sappia quali sono i mezzi di comunicazione che essa usa e i gusti che ha. Devi sapere se il pubblico che vuoi raggiungere usa internet, se frequenta i forum piuttosto che le discoteche, se frequenta i circoli esclusivi oppure no. Insomma, devi capire che lingua parla il tuo target.

Pensare all'info-marketing e a cosa scrivere prima di capire se esiste un mercato relativamente al proprio settore e qual è il proprio pubblico di riferimento rischia di rivelarsi un'enorme perdita di tempo.

Non buttarti subito a capofitto sulla parte operativa ma **concentrati prima sull'aspetto teorico.**

Solamente una volta che questi punti ti saranno estremamente chiari potrai iniziare a creare i contenuti. E vedrai che a questo punto trovarne non sarà un problema.

Perché è importante creare contenuti buoni, ma altrettanto importante è pubblicarli nella giusta maniera e farli conoscere alle giuste persone, altrimenti non riusciranno ad assolvere il ruolo per il quale sono stati creati, cioè coinvolgere e convincere la gente a scegliere te.

Ora inizia da qui

Ogni volta che hai un'idea per un nuovo business, cerca di seguire questo processo:

1. chiarisci a te stesso quello che **ami** fare;
2. comprendi come differenziarti dalla **concorrenza** che offre lo stesso tipo di prodotto o di servizio;
3. trova il tuo **target** e i tuoi potenziali clienti;
4. trova una **nicchia** con la quale tu possa comunicare in maniera efficace e cerca di capire quali sono gli strumenti che essa utilizza con maggiore frequenza;
5. solamente dopo aver esaminato tutti i succitati aspetti, scegli quale potrebbe essere il tipo di **comunicazione** migliore che potresti utilizzare per coinvolgere il tuo pubblico. Potresti optare per internet o per una comunicazione più tradizionale, potresti tenere webinar oppure eventi dal vivo, inviare una comunicazione cartacea o digitale.

Gli aspetti strategici sono universali, mentre non lo sono affatto le tecniche e gli strumenti; cambiano di anno in anno e dovrai sempre valutarli in relazione al target che vuoi raggiungere.

Il segreto è parlare la stessa lingua di chi si vuole coinvolgere

Il resto, in buona parte, verrà da sé.

Ecco perché la Curiosità è la causa #1 dei Fallimenti (e quale antidoto devi usare)

Scrivo questo capitolo di ritorno dalle vacanze estive in montagna dopo aver trascorso quindici bellissimi giorni ristoratori ad Aprica, in Valtellina, insieme alla mia famiglia.

Sono stato nella casetta dei miei genitori, fuori dal paese che, soprattutto negli anni dell'università, è stata testimone dei miei più **grandi momenti di produttività e relax**. Insieme.

Ricordo ancora che quando avevo da poco aperto la mia azienda di informatica, la HelpTech, mi ero preso quasi 10 giorni sabbatici per... STUDIARE.

Sì, hai letto bene. Studiare :)

Ecco cosa c'è che non ti torna...

In un altro capitolo di questo libro ti ho raccontato la mia storia di studente universitario iscritto al Politecnico che faceva finta di dare gli esami. La realtà è che in quel periodo stavo lavorando ed ero sicuro già a quel tempo che ingegneria non sarebbe stata affatto la mia strada futura.

Così, in quei 10 giorni sabbatici, in cui **in teoria avrei dovuto studiare** "meccanica dei materiali e della frattura" (una frattura di palle che nemmeno immagini...) mi ero portato come compagnia un vecchio notebook HP con Access 2002, con il quale in meno di una settimana misi insieme il 90% del codice di un programma per gestire gli affitti di immobili che mi aveva commissionato poche settimane prima la mia amica Patrizia.

7 giorni per scrivere un software da zero. UAU!

Ti ho voluto raccontare questo episodio perché pochi giorni dopo un webinar con Emanuele Properzi su *come pubblicare e promuovere al meglio il tuo libro* (a cui puoi accedere dal link qui sotto, è super ricco di contenuti di grandissimo valore)

www.youtube.com/watch?v=wbqdRI8I-Ck

ho ricevuto un **commento** da parte di Chiara. Te lo riassumo in pochi punti, nel caso non riuscissi a leggere bene l'immagine sotto:

1. Quello che fate è interessante
2. Ma contano solo i risultati
3. Quindi, basta pugnette e studio, mi metto a produrre REALMENTE

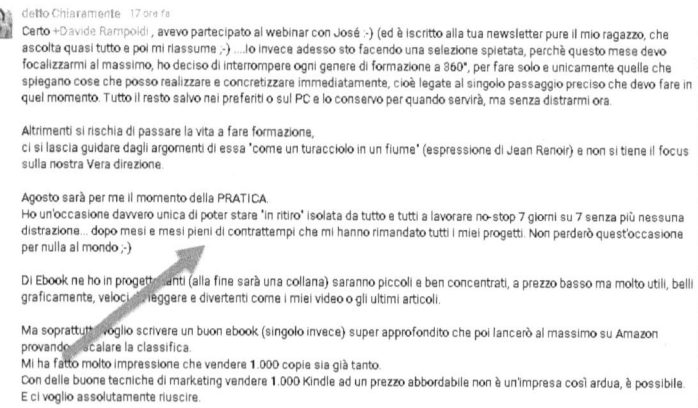

dettoChiaramente 17 ore fa

Certo +Davide Rampoldi, avevo partecipato al webinar con José :-) (ed è iscritto alla tua newsletter pure il mio ragazzo, che ascolta quasi tutto e poi mi riassume ;-) ....Io invece adesso sto facendo una selezione spietata, perchè questo mese devo focalizzarmi al massimo, ho deciso di interrompere ogni genere di formazione a 360°, per fare solo e unicamente quelle che spiegano cose che posso realizzare e concretizzare immediatamente, cioè legate al singolo passaggio preciso che devo fare in quel momento. Tutto il resto salvo nei preferiti o sul PC e lo conservo per quando servirà, ma senza distrarmi ora.

Altrimenti si rischia di passare la vita a fare formazione,
ci si lascia guidare dagli argomenti di essa "come un turacciolo in un fiume" (espressione di Jean Renoir) e non si tiene il focus sulla nostra Vera direzione.

Agosto sarà per me il momento della PRATICA.
Ho un'occasione davvero unica di poter stare "in ritiro" isolata da tutto e tutti a lavorare no-stop 7 giorni su 7 senza più nessuna distrazione... dopo mesi e mesi pieni di contrattempi che mi hanno rimandato tutti i miei progetti. Non perderò quest'occasione per nulla al mondo ;-)

Di Ebook ne ho in progetto tanti (alla fine sarà una collana) saranno piccoli e ben concentrati, a prezzo basso ma molto utili, belli graficamente, veloci, leggere e divertenti come i miei video o gli ultimi articoli.

Ma soprattutto voglio scrivere un buon ebook (singolo invece) super approfondito che poi lancerò al massimo su Amazon provando a scalare la classifica.
Mi ha fatto molto impressione che vendere 1.000 copie sia già tanto.
Con delle buone tecniche di marketing vendere 1.000 Kindle ad un prezzo abbordabile non è un'impresa così ardua, è possibile.
E ci voglio assolutamente riuscire.

Penso che Chiara abbia **colto nel segno**.

Se sei anche tu vergognosamente curioso come me (senza essere ficcanaso, per intenderci), al 99% soffri della *Sindrome del Collezionista di Informazioni* e:

- ne vuoi sapere sempre di più su ogni argomento,
- ti appassioni a tutto ciò che è nuovo ed interessante,
- cerchi ogni giorno di trovare metodi più rapidi e scorciatoie per arrivare ai tuoi obiettivi.

Tutto questo non è affatto negativo, eppure:

- di quante persone così hai sentito parlare perché ora sono diventate famose?
- quante hanno raccolto i risultati sperati e sognati?
- quante sono riuscite a raggiungere i loro obiettivi?

Te lo dico io. Pochissime, purtroppo.

Perché la curiosità è quella molla che da una parte anima le persone, ma dall'altra le ammazza.

Come una mantide religiosa: ti scopa e poi ti mangia. È come una DROGA. Tra le peggiori.

Per questo è necessario prendere un momento di distacco dal mondo, possibilmente lontano da tutti e lontano da libri, dal web... per dedicarsi alla PRODUZIONE propria.

- Basta studiare.
- Basta ricerca.
- Basta spendere.

Quello che dobbiamo fare è CREARE qualcosa di nostro che resti nel tempo e meglio se vendibile online ;-)

Funziona come per il mio software. **Quanto tempo ci avrei impiegato a progettarlo** se fossi rimasto a casa, nel vecchio ambiente e contesto, immerso tra libri, quaderni e tentazioni telematiche? Moltissimo.

Invece, cambiando il luogo, la compagnia e rimanendo focalizzato sul lavoro al 100%, secondo i miei ritmi più naturali, sono riuscito a completare il tutto in men che non si dica.

E la parte migliore è stata che ho venduto quel software per 3 anni di fila con risultati più che soddisfacenti.

Per questo sono sicuro che Chiara, se smetterà di volerne sapere di più e inizierà a produrre contenuti, otterrà gli stessi risultati. E tu pure.

Ecco allora qualche piccolo segreto che ti aiuterà a portare avanti i tuoi intenti senza impazzire

1) Trova un lavoro, un progetto, un libro. Insomma, qualcosa che sei sicuro al 90% di poter completare in 3 giorni. E scrivilo. Fai anche un **piccolo MEMO/riassunto** su quello che sarà il prodotto finale del tuo lavoro.

1bis) Se hai dubbi sul punto 1 pensa a qualcosa di più corto, piccolo, breve, rapido, semplice...

2) **Stampa** o raccogli in un pc tutto il materiale che potrebbe servirti per completare il progetto.

2bis) Non lasciare fuori nulla dal punto 2. Fai finta di essere in Nepal senza internet e telefono.

3) **Trova 3 giorni** durante i quali tu possa assentarti completamente con la tua famiglia. Questo vuol dire dormire fuori, ad almeno 90 minuti di distanza.

4) **Prenota** un B&B, albergo o simili e pagalo in anticipo.

5) **Avvisa** al lavoro che te ne starai via questi 3 giorni e che non sarai reperibile per nessun motivo. Ricordati che non sei né il 118, né il 113, né tantomeno il Presidente USA. Il mondo andrà avanti anche senza di te.

6) **Parti**, produci e... torna vincitore.

Fidati, funzionerà divinamente. Hai la mia parola e la statistica super favorevole di chi si è presa questi *giorni sabbatici* per completare progetti arenati da mesi.

Sì, ma se poi non vendo nulla?

Ti confido che è un pensiero ricorrente ed incombe nella mente di tutti, ma sappi che non è questo il momento ideale per farsi ulteriori pippe mentali.

Impara ad affrontare un problema alla volta.

Non pensare MAI al PRODOTTO prima di avere una potenziale clientela. Nemmeno io consiglio questo.

Ciò detto, tieni presente che:

- se non sei ancora riuscito a creare nulla di compiuto, hai un problema;
- se non conosci il tuo mercato, hai un altro problema;
- se non sai come vendere il tuo prodotto, hai un enorme problema.

Mettiamola in questi termini. Per avere successo **dovrai imparare a fare tutte e 3 le cose** e con l'esercizio "sabbatico" imparerai a creare un prodotto. Il resto, poco per volta, verrà da sé.

Funziona sempre, con la sola condizione che devi focalizzarti in maniera totale, oppure resterai con un **pugno di mosche in mano**.

Ora inizia da qui

Riguarda i 6 punti precedenti e segui questo ordine per organizzare il tuo periodo sabbatico di full-immersion: 3, 5, 4, 1, 2, 6.

Quando sarai tornato e avrai prodotto come mai prima d'ora, corri sulla pagina Facebook di Temposuper e condividi la tua storia di successo: sarà di stimolo per tutti gli altri.

Oppure, se ci sono alcuni dettagli che vuoi mantenere riservati, mandami il tuo racconto via mail. Leggo tutte le vostre lettere e rispondo sempre a tutti. Aspetto anche la tua.

Inizia adesso dal punto 3. Scegli un giorno e dì a tutti che sparirai perché **hai una missione da compiere.**

Come guadagnare 1.000 euro all'ora (senza rubare)

Ammettilo, dai. Ti piacerebbe guadagnare 1000 euro/ora, vero? A chi non piacerebbe...

La buona notizia è che non c'è bisogno di diventare un medico o un notaio. In realtà, puoi iniziare a guadagnare 1000 euro/ora o più fin da adesso (o quasi).

Questo non è un articolo su qualche nuova società di multilevel marketing o sul reddito passivo. È possibile ottenere **questi risultati nel tuo business attuale**, sapendo quello che già sai. Incredibile, vero?

E soprattutto – puoi guadagnare questo denaro in modo costante.

Recentemente ho ascoltato **80/20 Vendite e Marketing** di Perry Marshall su Audible. Come molti dei libri di cui ho parlato nei webinar sulla Gestione del Tempo, 80/20 Vendite e Marketing sta cambiando il modo in cui penso agli affari.

Che tu sia o no nelle vendite e nel marketing, prendi una copia di questo libro (http://bit.ly/8020-PerryMarshall) oggi stesso. Fidati di me: Perry Marshall è molto bravo e sforna roba di grande valore.

Il libro spiega come in una giornata tipo, **una persona svolge numerosi compiti che valgono pochi dollari** all'ora, e un paio di piccoli compiti che valgono molto di più.

Ma, in soldoni, qual è il valore di una tua ora di lavoro?

Praticamente qualunque compito potrebbe essere esternalizzato, ad un costo. Se vuoi diventare ridicolo, potresti anche assumere un maggiordomo per farti alzare dal letto, accompagnarti in bagno, e lavarti i denti ☺

Cerchiamo dunque di approfondire questo argomento.

Se tu tagli il prato per un'ora (magari sotto il sole cocente di questi giorni), **quanti soldi stai perdendo in quel momento?** Avresti potuto pagare 10 euro al figlio del vicino, a tuo nipote o a qualunque studente per quel lavoro, ma invece l'hai fatto da solo. Scemo.

Così hai guadagnato 10 euro ma ne hai, nel frattempo, buttati almeno 20. Senza contare lo stress, il caldo, la doccia…

Gran colpo, imprenditore! Vergognati… e continua a leggere per capire cosa dovresti fare la prossima volta.

OK. Mettiamo che questa l'hai capita ed hai già assunto un bambino per tagliare il prato. Bravo.

Ma per quanto riguarda il controllo delle e-mail? Il tuo Facebook? Quanto vale questo?

Ci sono una marea di compiti che possono essere delegati per circa 10 euro l'ora.

OK, Davide, ho capito: esternalizzare di più.

Ma come mi aiuta questo a guadagnare 1000€/ora?

Un passo alla volta, ci stiamo arrivando. Abbi fede e continua a leggere.

Così come ci sono alcuni compiti durante il giorno che valgono molto poco, ce ne sono altri che valgono di più. Ad esempio:

- l'assunzione di nuovi dipendenti
- la creazione del tuo piano marketing
- la scrittura di copy e lettere di vendita
- la creazione di processi di lavoro
- ...insomma... tutto ciò che fai una volta e potresti insegnare a qualcuno

Ora, se sei l'amministratore delegato della tua azienda (o un piccolo imprenditore o professionista), è altamente probabile che tu stia assumendo i tuoi dipendenti spulciando curriculum, facendo colloqui e offerte.

Ma quanto vale questo compito all'ora? E soprattutto...

Quanto ti chiederebbe una persona competente per farlo al posto tuo?

Esageriamo e facciamo finta che tutti noi viviamo a Milano. Un buon HR (come la mia amica Chiara Alzati che ho intervistato in questo webinar) potrebbe costare 100 euro all'ora.

Dunque, facendo tutto il lavoro di assumere nuovi dipendenti, ti stai guadagnando ben 100 euro/ora. Guardati, bel colpo! I tuoi genitori sarebbero orgogliosi.

Ma non ho ancora finito. E potresti fare ancora di meglio.

Perché ci sono altri compiti che valgono molto, ma molto di più.

Sto parlando di quei momenti speciali in cui riesci a concludere una vendita enorme, procurarti un grosso cliente, installare un nuovo prodotto o raggiungere le 10.000 persone su un podcast.

Quei momenti valgono molto di più. Quei momenti, **anche se durano solo pochi minuti**, possono valere 1.000 euro/ora o più.

La chiave si chiama CONSISTENZA

Permettimi di rivolgerti alcune domande:

- Quanto tempo hai passato oggi a svolgere attività che valgono 10 euro all'ora?
- Quanto tempo hai passato a svolgere attività da 100 euro all'ora?
- Quanto tempo hai passato a svolgere attività da 1.000 euro all'ora?

La mia ipotesi è che probabilmente hai passato molto più tempo a fare il lavoro da 10 euro all'ora che il lavoro da 1.000. Anzi, direi che stai spendendo il 90% del tuo tempo a fare il primo e solo il 10% a fare il secondo.

Ma cosa succederebbe se passassi più tempo a fare il lavoro da 1.000 euro all'ora e meno tempo a fare il lavoro da 10 euro?

Credimi, puoi farlo. Soprattutto quando sai quali sono quelle attività da 1000 euro/ora.

Ci sono sicuramente molti scettici detrattori in questo momento che pensano:

Bella stupidata! Per avere quei momenti da 1.000 euro/ora, devi prima spendere molto tempo sulle attività di amministrazione da 10 euro/ora.

In tutta sincerità, devo ammettere che hanno in parte ragione. Ma non tutta. Non tutte le fette di giornata sono uguali in questo caso.

Infatti, hai veramente bisogno di spendere tutto quel tempo in compiti da 10 euro all'ora?

Non puoi istruire qualcun altro a fare tutte quelle attività per te? Perché non possono fare loro il lavoro dopo che tu gli hai dato le istruzioni?

Tutti possono guadagnare 1000€/ora.

Anche la dipendente di un fast food svolge compiti, anche se solo per pochi secondi, che valgono 1000 euro/ora.

I problemi per lei sono 2, però:

1. Che non è consapevole affatto del meccanismo a monte
2. Che parliamo di secondi e non di ore. Troppo poco per farci dei quattrini veri

La chiave è nella **consistenza**, e aumentare questi momenti nella tua giornata, a piccole dosi.

"Più tempo riesci a trascorrere a svolgere le attività da 1.000 €/ora, più soldi e affari farai."

Se attualmente passi 30 minuti al giorno a svolgere le attività da 1,000 euro/ora e le altre sette ore e mezzo facendo le attività da 10 euro/ora, stai producendo 575 euro al giorno per il tuo business.

Ma se hai passato due ore al giorno facendo attività da 1,000 euro/ora e sei ore a fare le attività da 10 euro/ora, stai producendo 2.060 euro al giorno per il tuo business.

Vedi il potere in questo?

La parte migliore non è nemmeno il denaro, è il tempo.

Che cosa sarebbe meglio? Trascorrere 12 ore al giorno facendo un lavoro da 10 euro/ora o un'ora al giorno a fare un lavoro da 1.000 euro/ora?

Ora inizia da qui

Fai questo esercizio. È lo stesso che spiego nei primi capitoli del libro "*I Segreti Militari per Gestire il tuo Tempo come un Sergente Istruttore*" e che approfondisco in questo audio

www.temposuper.com/vai/conteggio-ore/

Prendi un minuto proprio adesso e annota: quali attività nel tuo business valgono 1000 euro l'ora? Quali attività ne valgono 100? Quali attività hanno un valore di 10 euro all'ora?

Comincia oggi ad esternalizzare i lavori da 10 euro e passa in seguito ai lavori da 100 euro all'ora.

Vedrai anche tu quanto velocemente può esplodere il tuo business.

Non imbrogliare: servono almeno 10 minuti per svolgere al meglio questo esercizio. Ricordo che la prima volta che lo fecero fare a me (conti inclusi) restai spiazzato.

Perché puoi anche mentire a te stesso, a tua moglie ed al tuo commercialista... ma **i numeri sono impietosi e dovresti sempre averne a disposizione per migliorare** qualunque cosa.

E per finire raccontami sulla pagina Facebook quali sono alcune delle tue attività da 10, 100 e 1000 euro/ora.

www.facebook.com/CorsoTempoSuper/

Queste sono le mie:

- Lavare i piatti, guidare l'auto, cucinare
- Fare una trattativa al telefono
- Registrare un webinar in cui vendo un corso o scrivere una mail alla mia lista.

Vuoi buttare anche tu 12 anni di vita per colpa della tendenza a rimandare tutto?

Il 26 giugno 2005 mi laureavo in ingegneria civile al Politecnico di Milano.

Di quel lontano giorno ricordo ancora il caldo tremendo e la felicità dei miei genitori, suoceri e futura moglie Manuela.

Ma, soprattutto, lo scazzo mio più totale.

Già, perché quando rimani fermo per 12 anni nello stesso posto, finisce che ti vengono le ragnatele e fai la muffa!

È capitato anche a te qualcosa di simile, oppure sei tra i pochi fortunati che non si sono mai trovati inchiodati a una situazione per anni senza avere la forza e l'opportunità di rompere le catene?

Beh, io ero davvero stufo marcio della mia università ed **ero arrivato ad odiarla**… e pensare che all'inizio non era stato così.

I primi 3 anni ero sempre rimasto quasi in pari con gli esami, ma poi iniziò il tracollo del biennio finale (quando ancora non si parlava di BIENNIO di specializzazione) e ci misi quasi 9 anni per farne 2.

Dopo aver sudato sette camicie, quel lontano 26 giugno il supplizio era finalmente finito e avevo anche io il mio pezzo di carta in mano.

Eppure qualche anno prima avrei potuto persino finire sui giornali: nel NECROLOGIO.

Sappi che quando leggi la notizia di qualche ragazzo che si è buttato dalla finestra, sotto un treno o si è impiccato... beh, quel ragazzo avrei potuto essere io.

Infatti avevo bluffato per quasi due anni con i miei genitori a proposito degli esami dati e non dati. Ero arrivato persino a falsificare il libretto e a chiedere allo stesso professore due titoli diversi di tesi nel giro di quattro anni.

Ma soprattutto, avevo addirittura comunicato il giorno della mia laurea... quando ancora mi mancavano qualcosa come 6 esami per terminare gli studi (ora ho perso davvero il conto esatto e il libretto chissà che fine avrà fatto).

Quando proprio non ce la feci più a reggere tutta questa situazione, raccontai tutto alla mia ex-fidanzata e ai miei genitori, giusto pochi giorni prima della presunta laurea. Ti lascio solo immaginare quale fu la loro reazione. Finirono quasi al ricovero per la disperazione e per lo sconforto.

Poi però fui fortunato, perché accaddero una serie di eventi fortunati. Innanzitutto venni perdonato, poi trovai una nuova fidanzata e terminai gli studi alla scandalosa media di un esame all'anno.

Ora, se ti stai chiedendo perché ti sto raccontando una parte così privata della mia vita in questo capitolo, questa è la ragione.

Tutto quello che ti ho descritto ha molto da spartire con la Gestione del Tempo e il **raggiungimento dei tuoi obiettivi** a 360°.

Ecco alcuni insegnamenti che ho tratto da questa follemente lunga parentesi ad ingegneria:

1. Quando sai esattamente cosa vuoi (specializzazione corretta nel mio caso), trovare un modo per raggiungere i tuoi obiettivi è più facile;
2. Buttare 12 anni è molto peggio che arrivare a 3 e poi dire "ho sbagliato tutto, cambio strada". Ma bisogna avere la lucidità per accorgersi... e un coach/consigliere a volte è vitale in questa situazione;
3. Nulla è davvero irraggiungibile, nemmeno nel momento più buio e sconfortante, quando ti senti una vera merda e, nel frattempo, hai energie mentali pari a zero per ripartire;
4. La trasparenza paga quasi sempre e gettare la maschera ha un effetto dirompente e libera-energie;
5. Condizionare un traguardo a un premio aiuta molto e fornisce un discreto propellente (nel mio caso Manuela aveva detto "niente laurea niente matrimonio");
6. Spendere qualche giorno, settimana o mese in più sulla progettazione della vita, così come di un business, dà una leva incredibile a regime ed evita perdite di tempo, energie e denaro incalcolabili;
7. Rimandare le decisioni difficili, le azioni quotidiane e le prove della vita è una ricetta infallibile (per quanto molto umana e diffusa) per arrivare a 40 anni e dire "non ho combinato proprio nulla di buono finora?"

La verità è che procrastinare e tirarla per le lunghe non ha mai giovato a nessuno, me per primo.

Rimandare una scelta o azione, sia che tu sappia quello che davvero vuoi nella vita, sia che non ne abbia ancora idea, non è mai un buon sistema. Ti tiene al palo con una catena d'acciaio che blocca ogni tua energia creativa.

Se tu sai davvero quel che vuoi e rimandi l'esecuzione, o sei un folle o uno sprovveduto autolesionista.

Se invece non lo sai, come puoi pretendere di ottenere qualcosa di valore dalla vita, se non agisci mai e non ti prendi nemmeno un momento per rifletterci su?

La PROCRASTINAZIONE è davvero uno dei mali incurabili del nostro secolo e, proprio per questo ho preparato **qualcosa davvero speciale** che ti aiuterà a sconfiggere questa tendenza naturale:

- per sempre e definitivamente
- in modo semplice e quasi-automatico
- qualunque sia il campo di non-azione
- ad ogni età e grado di istruzione

Se anche per te rimandare è la causa numero uno degli insuccessi in campo professionale e personale, ti consiglio di dare un'occhiata al materiale che ho messo a disposizione su questa pagina:

www.temposuper.com/vai/procrastinazione

Conclusione

"Sergente, è finita: il nemico è stato annientato, ora possiamo tornarcene alla base e prenderci qualche giorno di riposo."

"No, soldato. Ti sbagli. Ok al riposo, ma sappi che le nostre missioni non finiranno mai. Purtroppo è una lotta senza fine. Noi oggi abbiamo fatto un passo avanti verso la libertà, ma in qualche posto sconosciuto 10 nuovi terroristi stanno allenandosi per marciare contro di noi. Lo so. Lo sento…"

"Ma… quindi… non saremo mai liberi? Non **ci sarà mai la pace in questo mondo per gli imprenditori?**"

"Spiacente, non so risponderti. Ci hanno addestrati per creare strategie efficaci, piani dettagliati e azioni di successo, non per parlare di filosofia o religione. Leggere il futuro non fa parte dei nostri compiti.

Ricordati, soldato. Gli imprenditori con le palle che ci pagano per i nostri servizi non vogliono conoscere il futuro: lo plasmano, lo creano loro il futuro. Sanno quello che vogliono e ci assoldano per aiutarli a costruirlo velocemente e senza sprechi di tempo, soldi ed energie."

"Signorsì Sergente, tutto chiaro, come sempre: concentrati su quello che sai fare al meglio e tieni lontano da te tutto il resto.

Posso farle una domanda, Sergente?"

"Certo, lo sai che niente mi dà più scariche di adrenalina che rispondere alle vostre domande. Dimmi, soldato, cosa ti turba?"

"Sono questi imprenditori... questi leader, questi professionisti... Come ha detto lei noi scegliamo di lavorare solo per chi ha le palle e sa quello che vuole, ma non pensa che là fuori ce ne siano tanti altri in gamba a cui **mancano solo le palle per ottenere il successo nella vita e nel business?**

È gente istruita, che continua a formarsi e informarsi, che ha dei sani principi ed è mossa da nobili valori... solo che non è riuscita ancora a ottenere i risultati che vorrebbe. E più il tempo passa più diventa difficile che ce la possa fare.

Ecco, Sergente, pensa sia possibile fare qualcosa per loro? Ho tanti amici che si trovano in quella situazione e vorrei vederli finalmente felici e soddisfatti. Mi dica... è possibile o è una partita ormai persa?"

"Soldato, ascoltami bene. Funziona come nelle nostre missioni. Quando pensiamo che sia persa è persa; ma **se pensiamo di poter vincere, allora è come se fosse vinta**. Hai mai giocato a tennis, soldato?"

"Nossignore, solo a basket".

"Non importa, è lo stesso. Quando sei sotto 90-40 a 5 minuti dalla fine sei morto, perché solo un miracolo può salvarti. Tuttavia, se smetti di concentrarti sul risultato singolo e lo vedi come un episodio storto all'interno di un percorso, allora puoi ancora vincere.

Quello che devi fare è lottare come un leone per segnare più che puoi in quei 5 minuti, **come se ripartissi dallo 0-0. La tua partita inizia lì.**

Se smetti di lottare, smetti di imparare. I tuoi muscoli perdono vigore se non ti alleni, la tua mente fa lo stesso se non la tieni in esercizio.

La gente di cui parli tu ha 2 grandi problemi, soldato, che tu hai riassunto brillantemente come *non hanno le palle*.

Il primo è che **non sanno quello che vogliono dalla vita e dal business**. Quello che vogliono davvero, non quello che pensano di volere solo perché hanno fatto 5 minuti di esercizio e scritti 50 obiettivi su un post-it durante uno di quei corsi di motivazione da quattro soldi. Tutte cazzate, soldato!

È solo quando hai la chiarezza della visione, esattamente come succede a noi quando entriamo in azione per i nostri leader, che puoi definire una strategia, un piano d'azione, recuperare le risorse e trasformare il tutto in azioni concrete e dritte al punto.

Niente visione, niente coerenza. Niente coerenza, tutti bandieruole...

Il secondo è che hanno una **fottuta paura di sbagliare**, di commettere errori. Pensano che se qualcosa va male sia la morte.

Soldato, quanti colpi hai sbagliato prima di diventare un tiratore scelto?"

"Migliaia, forse decine di migliaia, signor Sergente."

"E ti sei mai sentito un coglione per averli sbagliati?"

"Sarò sincero, signore. All'inizio sì. Soprattutto quando guardavo i miei compagni di corso o mi paragonavo a chi era già un tiratore scelto."

"Già, ricordo. E poi ricordi cosa accadde?"

"Un giorno, signore, lei ci radunò tutti in aula e ci fece un discorso da brividi. Lo rivedo come se fosse ieri. Ricordo le facce dei miei compagni e ogni singola parola che lei ci disse (**urlò addosso** sarebbe il termine esatto, signore).

Da quel momento tutto cambiò radicalmente e la gran parte di noi superò brillantemente la selezione e si unì alla squadra di forze speciali al suo comando.

Non credo ce l'avrei mai fatta, signore, se quel giorno non ci fosse stato lei.

Sergente, pensa che funzionerebbe anche con gli imprenditori miei amici o sono un caso disperato ed è meglio non immischiarsi con dei perdenti?

"Soldato, apprezzo molto quello che dici e lo spirito con cui lo fai. Ascoltami bene ora. Se pensassi che i tuoi amici sono dei perdenti non mi ci metterei nemmeno a perdere tempo con loro, ti pare? Sarebbe totalmente contro a quello che facciamo ogni giorno. A tutti piacere vincere, specialmente alla nostra squadra, vero?"

"Certo, è così signor Sergente! Per questo abbiamo dei risultati così eccezionali rispetto agli altri. Selezione innanzitutto, solo i migliori entrano."

"La verità è che quello che penso io o pensi tu, soldato, non conta niente. Contano solo fatti, competenze concrete e risultati. Le opinioni lasciamole ai politicanti, in missione voglio solo gente cazzuta, che sappia il fatto suo e sulla quale posso affidare la mia vita, della mia squadra e della mia azienda.

Quindi, rispondendo alla tua domanda, la risposta breve è SI. Posso organizzare un training speciale (un *bootcamp* lo chiameremo) con questo duplice scopo:

1) Togliere dai giochi quelli che proprio non ce la farebbero

2) Formare chi resta nel modo più efficace e potente che io conosca e abbia mai fatto fino ad oggi.

Non sarà facile, soldato. Un inferno, sarà. Ma hai la mia parola che chi uscirà da quell'inferno potrà sopportare in futuro ogni genere di stress e difficoltà sul business e nella vita che nemmeno immagina.

Avrà una nuova famiglia e nuovi compagni che lo supporteranno e che saranno come fratelli per lui; la sua azienda inizierà a macinare risultati come non mai e la sua vita sarà anche più ricca, libera ed equilibrata."

"Accidenti, sembra che lei abbia le idee già molto chiare, signore! Quando pensa di divulgare questa opportunità al mondo degli imprenditori in crisi di risultati e con le vite insoddisfatte, come quelle dei miei amici?"

"Soldato... lo stiamo facendo esattamente ora...

La nuova missione è appena iniziata."

Ringraziamenti e backstage

Portare a termine un secondo libro in apparenza è roba più semplice del primo; sai già cosa ti aspetta, hai creato le tue dinamiche e alcuni rituali, conosci già i meccanismi per pubblicarlo, stamparlo, farci del marketing sopra...

Ma soprattutto puoi (e devi assolutamente) usare i lettori del primo come fonte di ispirazione, suggerimenti, feedback e recensioni.

Per questo il grazie #1 va a **tutti i follower del blog** temposuper.com e della relativa newsletter. È stato il vostro contributo, fin dalla pubblicazione in anteprima **8** mesi prima del rilascio finale, che mi ha dato la carica per proseguire e la direzione verso cui marciare.

In particolare il lavoro di tutte le **editor professioniste** che si sono spolpate il manoscritto originale da cima a fondo e l'hanno riempito di correzioni che non vedevo dal tempo del liceo: grazie Terry Salentina (tardes.it che mi cui va il merito di avermi suggerito un titolo spettacolare), Albina Gabellini, la mia fida Fiorella e Tiziana Gilardi (tizianagilardi.it).

Quello che però è accaduto dopo la prima stesura è stato piuttosto imbarazzante, ma molto istruttivo in termini di procrastinazione: prendi nota, specie se hai intenzione di scrivere un libro anche tu.

Mancava davvero poco: la introduzione, la prefazione e le parti conclusive. Roba che in una settimana si fa tutto senza impazzire...

Invece il libro è rimasto in naftalina per quasi 8 mesi. Almeno 3/4 lettori mi hanno mandato una mail del tipo: *"Oh, ma che fine hai fatto? Sei scappato col bottino?"*

Lo ammetto, è stato piuttosto imbarazzante perché anche io **stavo cadendo nella trappola della rimandite**, proprio uno dei terroristi della produttività personale che il Sergente spiega come eliminare.

Avevo sempre nuove idee e progetti interessanti e il libro veniva accantonato, passando in secondo piano. O forse avevo solo paura di fallire.

Così un po' per gioco (fa parte delle tecniche anti-procrastinazione) un po' per sfida, un po' per coerenza e rispetto della parola data, un giorno tutto si è sbloccato, quasi magicamente.

È successo un pomeriggio all'interno del gruppo mastermind di temposuper.com: Barbara Boaglio (una dei membri, esperta di marketing relazionale) e Andrea De Candia (esperto di grafica e membership) chiedevano consigli a me e Rodolfo Monacelli (vendereunlibro.com) per pubblicare il loro primo libro.

Ne è nata così una sfida a suon di cene tra chi lo finisse prima e, lo ammetto, il gusto della gara ha scatenato la voglia di mettersi alla tastiera (accantonando tutto il resto) e terminarlo prima degli altri.

Mentre scrivo queste righe non so ancora chi sarà il vincitore, la lotta è ancora aperta ma manca pochissimo a tutti e tre. Vorrà dire che ti racconterò come è finita nella prossima puntata ;-)

Ci tengo anche a ringraziare tutti i **colleghi e amici** che tra suggerimenti tecnici e prese in giro per la mia lentezza a terminarlo hanno permesso a questo libro di vedere la luce: Massimiliano *YogaNando* Guidi, Valerio Fioretti, Marco Scabia, Emanuele Properzi, Giacomo Freddi, Bonaventura di Bello e Enrico Flaccovio.

Un doppio grazie speciale va all'eterno **Max** Formisano (fresco papà che mi ha anticipato di qualche settimana con il suo libro sulla gestione del tempo) per i suggerimenti preziosi di marketing e business; e a una persona che è scomparsa in questi mesi lasciando un grande vuoto nel mondo del web marketing (e non solo) italiano. Ciao **Italo**, ho iniziato con te la mia avventura online e ricordo come se fosse ieri quante volte ho ascoltato i tuoi audio sulla produttività mentre mi allenavo per la mia prima maratona.

Ringrazio anche tutti gli amici e compagni di **Toastmasters International** per i capitoli bonus e i preziosi suggerimenti su come migliorare la comunicazione in pubblico e la leadership, tutte competenze chiave che a un imprenditore non devono mancare mai.

Infine un **bacione speciale** a mia moglie Manuela che con Giulia e Sofia masticano bocconi amari tutte le volte che lavoro da casa e divento insopportabile quando mi interrompono per la decima volta mentre sto scrivendo al computer. È per questo che non si dovrebbe mai lavorare da casa (v. capitolo ad-hoc su come limitare i danni).

CAPITOLO BONUS: La regola #1 per gli imprenditori "schizzati"

Quando mi presento agli imprenditori e dico che li aiuto a organizzare meglio le loro attività per ottenere più risultati e ridurre lo stress, c'è una domanda che mi fanno tutti:

qual è il segreto, la super capacità che devi avere
per imparare a gestire bene il tuo tempo?

Conoscere, capire il funzionamento e soprattutto saperla mettere in pratica è la strategia fondamentale per riuscire in brevissimo tempo a fare dei passi da gigante sia dal punto di vista professionale che dal punto di vista personale. Ma qual è questa super capacità?

Facciamo una premessa: nel mondo di oggi, a differenza di molti anni fa, **le condizioni di contorno**, come amano chiamarle gli ingegneri, gli eventi, le opportunità, le informazioni, gli strumenti, cambiano con una frequenza esagerata, molto superiore rispetto a dieci o venti anni fa.

Sembrano pochi, ma dal punto di vista della tecnologia e dell'informazione è tantissimo. Che cosa succede? Che da una parte abbiamo degli imprenditori e dei professionisti che sono cresciuti in un certo mondo, hanno ricevuto un certo tipo di informazione e hanno a volte sviluppato delle aziende o studi professionali con degli ottimi risultati.

Ora però si trovano in crisi sia per via della crisi vera e propria, sia a causa della **mancanza di identità e della mancanza di differenziazione del loro prodotto o servizio** di cui parlo in altri capitoli di questo libro e sul blog www.temposuper.com.

Ma soprattutto la crisi dipende dal fatto che non sono in grado, a mio avviso, di capire il più rapidamente possibile quali sono gli strumenti ideali da utilizzare, le persone da cui apprendere delle informazioni, le tecnologie da adoperare.

Nascono così 2/3 categorie di imprenditori

La prima categoria è quella delle persone che io sopporto di meno (tanto che quando ne trovo alcune tra i miei clienti, devo mordermi la lingua più di una volta e in certi casi ho anche dovuto abbandonare il cliente, perché mantenere una relazione con questo tipo di persona per me è davvero difficile).

Sto parlando dei clienti che **fanno una fatica terribile a prendere una decisione** di qualunque tipo, devono chiedere pareri, devono informarsi su internet per vedere qual è la strategia migliore, ti fanno domande su domande.

Il problema per queste persone è che, nel loro modo di pensare, **vogliono soluzioni esageratamente sicure**. Ma questa sicurezza, che forse poteva garantire il mondo di qualche tempo fa, incasellata in un sistema che è cambiato radicalmente rispetto a dieci, venti, trent'anni fa, mette in pericolo rapidamente la loro sussistenza e quella del loro business perché questi si muovono in modo molto più rapido e le decisioni devono essere prese non dico in modo non oculato, ma nel modo migliore possibile e nel tempo minore possibile.

Certi tipi di clienti e di persone non ce la fanno proprio a adattarsi alle nuove condizioni del lavoro: sono quelle persone che continuano a lamentarsi della crisi, della situazione negativa, dei tipi di cliente che devono affrontare ogni giorno, dei problemi che nascono senza sosta in azienda.

Come se tanti anni fa queste problematiche non fossero esistite...

Non dico che tutto questo non sia peggiorato nel tempo; di certo la crisi ha esasperato stati d'animo e comportamenti degli imprenditori.

Tuttavia, a monte c'è un approccio mentale da parte di alcune persone che è legittimo, ma che **non funziona più in un contesto super veloce e super competitivo** come quello attuale, dove la qualità sì conta, ma se è incastonata all'interno di un sistema più ampio.

Dove non è importante solo la qualità del tuo prodotto o servizio ma anche come ti spieghi, come ti presenti, come fai marketing, come mantieni la relazione con il cliente.

Ma quali sono i tratti distintivi di queste persone?

Provo a dipingerli ancora meglio attingendo alla mia esperienza personale, così potrai capire meglio se ci rientri anche tu oppure no.

Dal 2000 al 2012 ho avuto una ditta di informatica dove facevo un po' di tutto: programmavo, assemblavo i computer quando ancora lo si faceva da zero, mi dedicavo all'assistenza su Windows, su sistemi di tipo server, facevo le reti... Insomma, un po' di tutto.

Purtroppo però, non ho mai avuto alle spalle qualcuno che mi ha insegnato un mestiere. Mio padre faceva l'agente di commercio e quindi non aveva capacità imprenditoriali alle spalle, mentre mia mamma ha sempre fatto l'impiegata, quindi non ho mai avuto nessuno che potesse insegnarmi un lavoro.

Mio nonno era un maresciallo, le mie nonne erano casalinghe e io non ho mai lavorato come dipendente. Aprire una ditta da zero, solo contando su delle competenze che, per quel tempo erano anche molto buone, in realtà è stato un grave errore perché **non ho mai avuto nessun mentore e nessuno che mi spiegasse il lavoro.**

Detto questo, grazie ad una buona capacità tecnica e alla voglia di sbattermi, di conoscere e alle buone doti di relazione, ho fondato questa piccola società che è durata una decina d'anni.

All'inizio hai l'ardore, l'entusiasmo, devi capire come funzionano le cose. Poi però arrivi ad un punto in cui la situazione incomincia ad incasinarsi: fai un po' più fatica a trovare clienti e la qualità del lavoro deve alzarsi per poterne trovare di qualità.

Nel frattempo aumentano anche tutte le incombenze di tipo amministrativo e burocratico (se sei un imprenditore o professionista sai bene di cosa si tratta): il fisco, la burocrazia, l'amministrazione, il commercialista, l'Agenzia delle Entrate, le dichiarazioni Intrastat e tutta la documentazione che ti fa diventare scemo e non porta alcun valore aggiunto al tuo business.

Arrivo così a una **situazione di stallo in cui l'azienda non cresce più** perché io non ho più tempo da dedicare a cercare clienti, alla formazione, e comincio ad entrare nel loop in cui vivo delle assistenze ai clienti storici ma mi accorgo che non arriva niente di nuovo.

In questa situazione di stallo divento uno schiavo dei clienti, delle loro manie, dei loro piagnistei, delle loro piccole richieste assurde: una segretaria mi chiamava perfino per cambiare lo sfondo del desktop del pc.

Anni fa con questo tipo di interventi potevo guadagnarci anche qualche decina di euro ma, alla lunga, riguardandolo col senno di poi e con le conoscenze che ho adesso, **mi stavo letteralmente scavando la fossa.**

Questa fossa, siccome non avevo competenze di gestione aziendale, di marketing e di gestione del tempo, è andata avanti fin troppo.

Tornavo a casa la sera frustratissimo e parlavo soltanto di lavoro e di quanto fossero deficienti i miei clienti con le loro pretese senza senso e che, a volte, si inventavano mille scuse per non pagarmi.

Soprattutto non avevo mai finito di lavorare. Lavoravo dieci, dodici, quattordici ore al giorno. Incominciavo presto e finivo tardi. Tornavo a casa la sera e avevo **giusto il tempo di stare un attimo con mia moglie perché poi mi rimettevo subito al computer** fino a mezzanotte o le due (che per un informatico potrebbe essere anche la prassi... ma non sta scritto proprio da nessuna parte).

Capirai anche tu che questo non è un sistema che possa reggere a lungo, mentre è utile (cum grano salis) se devi far crescere la tua azienda rapidamente.

Quindi, se stai lavorando troppo ma vedi che la tua azienda continua a incrementare utili e fatturato, potrebbe andare anche bene...

Ma quando lavori quattordici ore al giorno come un fesso, imprecando contro il mondo intero, soprattutto se hai dei collaboratori da pagare e magari 10.000 euro di spese fisse incomincia ad essere davvero dura da sopportare a lungo.

Questa mia situazione è durata molti anni, fino a che, preso un po' dalla disperazione, sono entrato in contatto con il mondo della formazione. Ho iniziato, facendo un discreto investimento economico, anche se non vedevo minimamente la fine del tunnel. Ma ero disperato e mi sono voluto fidare dell'istinto.

Mi dicevano: *"I migliori fanno una cosa: investono in loro stessi, in formazione, anche se non vedono un risultato a breve termine, perché sanno che arriverà dopo mesi o dopo anni e saranno pagati con gli interessi"*.

Così mi sono detto: "Credo che le capacità per essere uno tra i migliori, l'intelligenza e la voglia di sbattermi non mi mancano. Facciamo sto passo!"

Avevo messo da parte un po' di soldi e li ho investiti in un paio di master; poi ho cercato corsi di formazione su internet che avessero a che fare con il business e la gestione aziendale.

Questo, dopo anni di studio, è riassumibile in 3 competenze fondamentali:

1) avere la capacità di **differenziarsi** dal mercato, quindi proporre qualcosa di diverso dai concorrenti;

2) sfruttare tutti gli strumenti di **marketing** per farsi scegliere dai potenziali clienti e conoscendo con precisione matematica il ritorno di ogni tuoi investimento in pubblicità;

3) imparare la **gestione del tempo** perché ottieni risultati attraverso delle azioni che sono frutto di scelte; queste scelte riguardano le attività che tu quotidianamente o settimanalmente svolgi al lavoro o lontano da esso.

Per riuscire a fare tutto questo devi soprattutto avere delle grandi capacità di focalizzazione e di pianificazione temporale.

Ecco perché la gestione del tempo è fondamentale: perché è un qualcosa in più, **è un olio strutturale a tutti i sistemi.** Funzionano bene se tu riesci a gestire bene il tuo tempo, vanno a pallino se tu sei una frana.

Ti manca capacità di concentrazione, di focalizzazione, ti disperdi con estrema facilità e ti lasci prendere da mille idee che cambiano costantemente? Non riuscirai ad arrivare da nessuna parte fino a che non rimedi a questa tua carenza.

Prendi come esempio i grandi imprenditori e sportivi; al di là del talento innato e delle competenze tecniche che possono avere, noterai che, se cambiano azienda o cambiano sport, riescono comunque ad avere **risultati straordinari perché possiedono la chiave, il sistema.**

Studiando e sperimentando ho capito che il mio modo di agire non mi stava portando da nessuna parte.

Ma una cosa è vederlo con i numeri, una cosa è capirlo e un'altra ancora metabolizzarlo e possederlo. È come quando si decide di smettere di fumare: si hanno tutte le conoscenze per capire che il fumo fa male ma si decide solamente quando succede qualcosa che ci tocca in prima persona, che trasforma tutte le informazioni teoriche in competenze pratiche.

Così ho iniziato a preparare la mia uscita verso un mondo molto più roseo e tranquillo, che posso pianificare e programmare da zero senza dover vivere in balia dei clienti ma padrone al 100% del mio tempo e della mia vita.

Cosa puoi fare se ti trovi in una situazione simile a quella in cui mi trovavo io?

Forse hai una laurea e 10/20 anni di esperienza nell'azienda o studio professionale che ha fondato tuo padre o tuo nonno (e che hanno portato avanti per decine di anni secondo le vecchie regole di mercato... che per loro funzionavano bene).

Forse capisci che tuo papà inizia a "perdere colpi" e potrebbe andarsene in pensione; ma si ostina a rimanere in azienda per darti una mano, perché vuole cercare di farti transitare in maniera più leggera possibile verso dei lidi migliori.

Purtroppo per te lui conta ancora molto in azienda, soprattutto perché ha i contatti con i grossi clienti che vogliono trattare solo con lui.

Oppure quest'azienda l'hai fondata tu, quindi tu SEI l'azienda e la persona che conosce meglio di tutti i clienti. L'hai costruita e cresciuta con sudore e sangue e ora soffri come non mai nel vederla in difficoltà perché il mondo attorno è cambiato.

Ho molti amici imprenditori e quando parlo con loro non fanno altro che lamentarsi del problema dei prezzi, delle richieste, dei fornitori, dei clienti che non sono più onesti come prima, che ti fanno fare 250 preventivi e ti tengono in ballo una vita, che vogliono continue personalizzazioni ma non sanno nemmeno loro cosa vogliono, ti trattano come se loro sapessero tutto.

Internet ha addirittura peggiorato questo aspetto: ti trattano come se gli esperti fossero loro nonostante tu hai trent'anni di esperienza alle spalle, non capiscono la professionalità che c'è dietro un lavoro apparentemente banale come "dare un consiglio".

Molti di questi imprenditori si sentono frustrati e non hanno voglia di mettersi in discussione.

Prendi allora questa tua situazione attuale e pensa di portarla avanti per uno, due, cinque anni e chiediti se è veramente sostenibile per te, per la tua famiglia, per i tuoi collaboratori, per i tuoi figli questa realtà.

Non c'è piuttosto il rischio che saltiate tutti per aria dal punto di vista fisico, psicologico e professionale?

Dopo tutto i clienti, se sono così per loro natura, non credo che miglioreranno molto nei tempi futuri. Né il mercato e il modo di fare gli affari cambierà il trend globale che ha preso da anni.

Ecco perché tu che sei l'imprenditore non puoi scaricare la responsabilità dell'azienda sul tuo commercialista (che ha già tante altre grane da sistemare): devi conoscere mese per mese, settimana per settimana o trimestre per trimestre come va, quanti utili fai, come stanno le tue finanze e come funziona il tuo sistema di acquisizione dei nuovi clienti.

Tocchiamo ferro, ma ricordati di valutare bene il rischio personale più grosso. Infatti, anche escludendo gli imprenditori che decidono di dire basta in modo tragico (spinti da forze più grandi di quello che possano sopportare da soli), molti convivono con quello **stress cronico che porta in dote una serie di malattie** o problemi di salute nei quali non voglio nemmeno addentrarmi in questo libro.

Come puoi "rischiare ma non alla cieca".

Ogni imprenditore ha una responsabilità verso il mondo, perché un sistema in cui il titolare è sotto stress, difficilmente non ne verrà negativamente influenzato. Di solito questo non è un posto di lavoro ideale dove restare a lungo e i dipendenti vanno e vengono come le stagioni.

Ecco quindi la versione condensata (non hai tempo, lo so, quindi arriviamo subito al sodo) di come ne sono uscito io.

È fondamentale capire che, se parti da zero, i suggerimenti e le strategie di livello due, tre, quattro, non fanno per te. Hai bisogno di informazioni base, direttamente applicabili e fungibili, non dei massimi sistemi.

A quelli ci arriverai presto SE segui tutti i gradini e non ti metti a saltare di qua e di là come un camoscio impazzito.

Agisci come se fossi molto meno intelligente di quello che pensi... perché probabilmente questa è l'amara verità. Te lo dico per esperienza.

1) Inizia cercando di immaginare (non essere troppo positivo perché in questo caso non ti aiuterà affatto) come potrete finire tu, la tua azienda e la tua famiglia tra 2 o 3 anni se continui a fare le stesse cose di adesso, se il *sistema Italia* non cambia e se il mercato continua ad essere così concorrenziale e spietato.

2) Decidi se questo futuro che hai visualizzato ti soddisfa al 100%, oppure no. Se sì, sono contento per te e ti auguro che si realizzi davvero il prima possibile.

3) Se invece non sei disposto ad accettare questi ulteriori anni di sacrifici (senza ottenere il risultato sperato), allora **questa è la strada più semplice che io conosca** verso la soluzione: <u>guarda subito questo video</u> e metti in pratica lo schema che ti spiego.

http://www.temposuper.com/la-scala-del-successo/

È uno schema molto semplice e rapido che ti darà molti dati e informazioni fondamentali per capire come iniziare a migliorare, a stravolgere, a perfezionare la tua azienda o studio professionale che incomincia a fare un po' acqua da tutte le parti.

Prima che il secchio si spacchi, che esca inesorabilmente tutta l'acqua e che sia troppo tardi, hai ancora una possibilità: segui i piccoli passi che ti indico in questo video e soprattutto mettili in partica, altrimenti tutto questo non servirà a nulla.

http://www.temposuper.com/la-scala-del-successo/

4) Una volta fatto torna da me e raccontarmi via email o sulla pagina Facebook i tuoi risultati, i tuoi successi e, perché no, anche le difficoltà che hai incontrato.

Due parole su di me

"**Se si potesse dare in elemosina tutto il tempo sciupato, moltissimi mendicanti sarebbero ricchi.**"

- Carmen Sylva -

Ho sempre detestato i libri in cui l'autore non racconta quasi nulla di se stesso e della sua vita privata.

Ora, io capisco la privacy e il non voler parlare di aspetti intimi e riservati... ma nascondersi davanti ai tuoi lettori, che ti hanno dedicato tempo e accordato fiducia, pare un po' da vigliacchi.

Amo parlare con la gente, scambiare opinioni e, soprattutto, conoscere di più le loro sfide quotidiane, le storie di successo e di caduta, perché sono quelle che ci restano più attaccate e **ci permettono di capire che non siamo soli** nel difficile percorso di uomini sulla Terra.

Ed è solo uniti e condividendo le nostre esperienze e risorse che possiamo farcela davvero.

Sono 100% comasco ma, come mi hanno confidato in molti, non lo dimostro affatto ;-)

Infatti si dice dalle mie parti che le montagne sulle sponde del lago rendono difficile scorgere l'orizzonte e quindi gli abitanti di Como finiscono per:

• Avere poca capacità di vederci lungo
• Pensano solo al presente
• Sono refrattari a considerare le opinioni altrui

- Passano la vita con in testa solo lavoro e soldi

Il vero motto che si può applicare al 99% dei miei concittadini è che:

si fa prima a metterglielo in culo che in testa

E questo te la dice veramente lunga sull'ambiente in cui sono cresciuto, soprattutto professionalmente.

Per fortuna ogni tanto qualche mela marcia nasce anche tra i comaschi: IO.

Girando per lavoro e conoscendo gente da mezza Italia quasi tutti mi hanno sempre detto: "caspita, non sembri di Como, sei spigliato, brillante, aperto..." ecco perché mi sono convinto di essere un'eccezione nel mio panorama.

Oggi vivo a Grandate (la patria della "Chicco/Artsana") con mia moglie Manuela e le bimbe Giulia di 7 anni e Sofia che ne farà 4 a breve.

Ami il mio lavoro e le sfide quotidiane per crescere, avere più visibilità e clienti, creare prodotti e servizi che aiutino le persone a migliorarsi ed essere più felici.

Ma devo ammettere che le fatiche più ardue le incontro sempre in famiglia:

- a bilanciare la mia presenza con gli impegni del lavoro
- a cercare di gestire la difficile convivenza di due sorelle molto diverse nella testa e nei modi (per un figlio unico come me certe dinamiche sono davvero incomprensibili...)
- a collaborare con mia moglie per quelle "faccende domestiche" che odio con tutto me stesso e che sarò il primo a delegare appena possibile

Per questo capisco molto bene quei manager, imprenditori e professionisti che fanno i salti mortali per riuscire a portare avanti con successo la propria azienda senza trascurare gli impegni extra-lavorativi; ancor di più se si tratta di donne o giovani mamme.

Essere imprenditore, marito, padre e collaboratore domestico non è sempre agevole; tuttavia mi dà la possibilità di **testare in un contesto molto sfidante** tutte quelle tecniche di gestione del tempo che ogni giorno condivido con i miei clienti privati per aiutarli ad incrementare la loro produttività personale e vivere una vita più serena e libera.

Spero con tutto il cuore che possano avere lo stesso effetto anche con te.

Restiamo in contatto

Prima di salutarti definitivamente (ma conto sia più un "arrivederci")
voglio condividere alcune ulteriori risorse che ti saranno di grande aiuto
nella gestione del tempo e ti permetteranno di parlare direttamente con me.

www.temposuper.com - Il mio blog dove troverai articoli, video, e corsi per
diventare un vero asso e padrone assoluto della tua agenda.

www.velocesenzacorrere.it – Il sito ufficiale di questo libro a cui
indirizzare tutti gli amici che vogliono saperne di più sul tema della
gestione del tempo.

www.facebook.com/velocesenzacorrere/ - Pagina Facebook in cui
scambiarsi opinioni, suggerimenti, condividere le proprie storie di successo
e cercare un aiuto per momenti difficili.

www.facebook.com/corsotemposuper - La pagina Facebook ufficiale per
restare sempre aggiornato su nuovi eventi, webinar, corsi e avere sempre
nuove informazioni sulla gestione del tempo per rendere più produttiva la
tua giornata.

www.temposuper.com/vai/procrastinazione - Il videocorso completo su
come smettere di rimandare (usa il coupon LIBROSERGENTE per ottenere
uno sconto immediato del 20% sul prezzo di listino).

Ti invito anche a lasciare una tua **breve recensione** sul sito di Amazon.it
(sia che tu abbia acquistato la versione cartacea che Kindle) affinché altri
lettori interessati possano conoscere il tuo parere.

http://bit.ly/veloce-senza-correre

A presto.

Contenuti BONUS inediti

Prima di lasciarti ho un'ultima sorpresa per te: ho preparato alcuni contenuti speciali, mai pubblicati né via mail né sul sito.

Ci sono video, audio e alcune riflessioni personali frutto dei miei studi più recenti sul tema della *gestione del tempo* e della produttività personale.

Li trovi in questa pagina riservata (ti prego di non diffondere il link con nessuno)

www.velocesenzacorrere.it/bonus

Ecco alcuni esempi di quello che troverai:

- Cosa c'entrano degli studenti delle elementari con la **scelta del titolo** di questo libro.
- La storia completa della **nascita di un libro**, comprese tutte le disavventure, gli errori e le critiche ricevute
- I 7+1 **pilastri della produttività** personale
- Perché 9 corsi su 10 di gestione del tempo non funzionano come ti aspetti (dove svelo alcuni altarini che attireranno parecchie critiche)

Buona visione!

Bibliografia

L'Arte di non Rinviare – Rita Emmett

Il Potere della Focalizzazione – Brian Tracy, J. Canfield

Una Cosa Sola – Gary Keller

59 Secondi: pensa poco, cambia molto – Richard Wiseman

Le Sette Regole per Avere Successo – Stephen Covey

Coaching for Performance – John Whitmore

Manuale di Organizzazione per Gente Disorganizzata – D.C. Merrill

Autostrada per la Ricchezza – M.J. De Marco

Vendere fa Schifo – Frank Merenda

Una Cosa per Volta – Dave Crenshaw

Efficacia Personale – Piernicola De Maria

Time and Productivity Strategies - Dan Kennedy

The Now Habit – Neil A. Fiore

A Whole New Mind – Daniel H. Pink

Drive – Daniel H. Pink

Getting Things Done – David Allen

Nel Fossato – Max Formisano

Il Principio 80/20 – Richard Koch

4 Ore alla settimana – Tim Ferris

Ready, Fire, Aim – Michael Masterson

Evernote – Daniel Gold

The Dan Sallivan Question – Dan Sallivan

No B.S. Time Management for Entrepreneurs – Dan Kennedy

Bad Habits no more – S.J. Scott

Destroy your Distractions – Tom Corson-Knowles

Productivity Hacks for Entrepreneurs – Steve Chandler

Work Smarter, Play Longer – Tara Ross

Daily Inbox Zero – S.J. Scott

How to Stop Time – Derek Murphy

Time Management 2.0 – H. Reardon

Ready, Set... Procrastinate! – Akash Karia

The Productive Person – Steve Chandler

Time Warrior – Steve Chandler

Stop Procrastinating: 10 power habits – Benjamin Wilson

Time Management – Brian Tracy

Time Power – Brian Tracy

Getting Results the Agile Way – J.D. Meier

What the Most Successful People Do Before Breakfast – Laura Vanderkam

First Things First – Stephen Covey

Switch – Chip Heath, Dan Heath

Produttività 300% – Max Formisano

Cambiare abitudini per raggiungere i propri obiettivi

Ho sempre pensato che il multitasking fosse una virtù da coltivare, pur trovandomi spesso a sera distrutta e con la sensazione di non aver combinato nulla di buono. Dopo aver letto questo libro ho provato a focalizzarmi su un singolo passo alla volta. Il risultato? Obiettivi raggiunti più in fretta e senza più arrivare a sera sentendosi un criceto sulla sua ruota.

Chiunque si senta schiacciato dalle circostanze e non più padrone delle proprie decisioni potrà riprendere in mano il timone della propria vita e riportarla sulla rotta desiderata.

Daniela Ceriana manididani@gmail.com

Compatto e dritto al punto!

Un ebook che non scherza! Niente giri di parole, stile asciutto e schietto. È difficile perdere il focus.

Lo consiglierei non soltanto a piccoli imprenditori ma anche a coloro che hanno chiaro ciò che vogliono ma si ritrovano spesso con la difficoltà di gestione dello spazio e del tempo per la realizzazione di obiettivi professionali ad ampio spettro.

Valentina valentinar4@yahoo.it

Una mano tesa per uscire dalle sabbie mobili dell'insuccesso

Una raccolta di pillole di saggezza dispensate nel modo diretto e spassionato di chi ne ha passate e vuole risparmiarti di commettere gli stessi errori.

Consigliato per chi inizia o vuole far decollare la propria produttività come imprenditore.

Dario Facchini fakkoweb@libero.it

Un Grillo Parlante che ti dà consigli preziosissimi armato di bazooka

Si legge tutto d'un fiato: linguaggio schietto, diretto, "slang", non c'è licenza poetica, c'è licenza di inculcarti dei concetti ben precisi, in un modo assolutamente lapalissiano.

Ho seguito il consiglio di nonno Diego e scritto il post del mio blog come primissima cosa della mattina, anche se avevo idee molto confuse su quello che volevo dire. Risultato: articolo finito in 2h (solitamente mi ci vuole almeno una ½ giornata), le idee hanno preso forma e le parole si sono praticamente scritte da sole.

Susanna Vai - susanna@activeandvirtual.it

Sembra scritto apposta per me!

Gli spunti dati nel libro che mi hanno colpito sono parecchi e in particolare uno è stato quello di "vestirsi in modo professionale" anche se si lavora da casa. L'ho provato sulla mia pelle ed effettivamente ho notato da subito un vero e proprio aumento della mia produttività rispetto ai giorni in cui lavoravo vestita in tuta (o in pigiama).

Il libro è una vera e propria guida per evitare di perdere tempo prezioso, organizzarsi meglio e migliorare la sua produttività in ogni ambito.

Luisa Oreglia - settepixel@yahoo.it

Consigliato per tutti coloro che dicono di non avere mai tempo!

L'autore ti segue passo passo come l'allenatore sportivo che non ti perde mai di vista, ti sta sotto, non ti nasconde le difficoltà, ti pungola ma anche ti incoraggia, ti indica un metodo scientifico e realizzabile, ti mostra i vantaggi, ti rivela prospettive inaspettate che si aprono e i risultati che si possono raggiungere, perché lui stesso ha sperimentato in prima persona gli ostacoli incontrati e i benefici ottenuti nella gestione del tempo.

Anna Colagè www.annacolage.it

Bisogna incominciare, il resto vien da se...

Un libro scritto con il "cuore", per questo arriva diretto nella mente del lettore, grazie anche a un linguaggio semplice, proprio per tutti.

Sono rimasto stupito della facilità con cui si comprende il valore del tempo e l'importanza dell'organizzazione partendo da cose minime, particolari spesso trascurati.

Credo sia un testo da prendere in considerazione da chi sa fare tantissime cose, ma non riesce a concretizzare per quanto dovrebbe e potrebbe. Leggendolo comprendi, apprendi ed esegui.

Rinaldo Panucci

Come ribaltare le tue convinzioni sbagliate in 220 pagine

Ho trovato parecchie idee interessanti che mi hanno rivoluzionato alcune convinzioni, come un treno che ti attraversa la strada all'improvviso e ti risveglia dal torpore.

Lo consiglierei a chi vuole avviare un'attività da casa o in proprio, perché paradossalmente siamo noi i primi nemici della nostra produttività e cattivi gestori del nostro tempo.

Manuela Nerini - manuela.nerini@gmail.com

Un sacco di tips & tricks per gli imprenditori di se stessi

L'ho trovato scorrevole, divertente, diretto.

Lo consiglierei a chi lavora in proprio, freelance, da solo o in piccolo team, anche se molti suggerimenti sono indicati per chiunque debba organizzare e gestire gli impegni multitasking della vita quotidiana.

Monia Scaltriti - scaltritimo@unieco.it

Ottimi spunti per chi non vuole sprecare il proprio tempo

Si legge con piacere, i contenuti sono esposti in modo da essere compresi, ricordati ed applicati facilmente.

Il riscontro immediato è stata una sensazione di "leggerezza mentale" dovuta al fatto di sapere già cosa fare ogni giorno.

Ilenia Filiaggi   i.filiaggi@tin.it

Kit completo: Manuale d'uso + Cassetta Attrezzi per "Aggiustare" il tempo...IL TUO !

Provocatorio, scorrevole e disinibito ma illuminante e pratico.

È un collage di soluzioni valide nelle situazioni più disparate, e quindi poliedrico ed adattabile a quelle attività in cui è possibile migliorare ed ottimizzarsi.

Marco Cappi   marcocappi@gmail.com

Belle parole e tanti, tanti fatti

Questo libro è chiaro, scorrevole, coinvolgente e mai banale.

Tra i numerosi consigli (molti pratici) che Davide elargisce a piene mani, ne ho trovati un paio che mi calzano a pennello: quello sulle assistenti virtuali e quello sulle riunioni aziendali.

Lo consiglio a tutti, sia a chi voglia mettere un po' d'ordine nella propria vita sia a chi voglia perfezionare la propria posizione lavorativa.

Patrizia Drommi   patty6262@gmail.com

Un manuale di gestione del tempo divertente!

Un testo davvero piacevole del quale ho apprezzato particolarmente lo stile diretto e l'autenticità dell'autore.

Ciò che ha fatto la differenza per me è il cambiamento di logica che suggerisce, dobbiamo dare al nostro tempo un valore! Questa semplice riflessione è presentata in modo così concreto da portare fin da subito a fuggire dal malsano "gioco di incastri" che toglie lucidità alla gestione delle proprie giornate.

Lo consiglio sicuramente a chi semplicemente non si accontenta di una vita casa/lavoro/casa, perché con gli strumenti e gli stimoli giusti il tempo per quel "di più" che manca, si può trovare!

Carla Solombrino carla.solombrino@gmail.com

Ecco cosa devi fare per raggiungere il successo

Molto scorrevole, interessante e chiaro nei concetti. Raccoglie tante guide pratiche alla risoluzioni di problematiche comuni agli imprenditori di prima generazione e non.

Ho iniziato fin da subito a metter in pratica queste pietre miliari che ogni imprenditore dovrebbe applicare come i comandamenti e i risultati già si vedono! Son riuscito a portare a termine un progetto che galleggiava da molti mesi ormai.

Per tutti gli imprenditori che amano dare il meglio di loro stessi nella propria vita!

Alessio Zanghi alessio.zanghi@gmail.com

Formule facili per conquistare il comando della tua vita!

Gli esempi pratici rendono il libro autentico e applicabile da subito. Mi ha aiutato a prendere maggiore consapevolezza sul mio comportamento quotidiano e di conseguenza a migliorarlo.

Lo consiglio a tutte quelle persone che ogni giorno vorrebbero avere tremila ore, perché sono sicuro che come me, trasformeranno le loro abitudini in abitudini di successo!!!

Alessandro Scaietti Martinelli - asm.corsi@gmail.com

Prima di leggere il libro non penseresti mai a quanto tempo sprechi

Ho iniziato ad agire come suggerito in molte parti e qualche piccolo progresso è già evidente. Ad esempio la voglia di lavorare è aumentata, ho più stimoli, più idee e adesso sento un'energia diversa.

Leggere il nuovo libro di Davide migliora non solo la qualità del lavoro, ma anche della vita, perché tornare a casa avendo finito i propri "compiti giornalieri" ti rende più sereno e meno stressato.

Alessandro Piccione - alesspicc2@gmail.com

Veloci senza correre

Ecco un libro chiaro ed esauriente su come raggiungere rapidamente dei risultati concreti nel proprio lavoro, senza il rischio di inciampare.

Consigliato a persone che sono impegnate in attività più direttamente produttive in quanto offre molte indicazioni su come farsi supportare in maniera aggiornata, anche in rete ad esempio.

Teresa Anna Rita De Salvatore - terrysalentina@gmail.com

Altro che trucchetti e scorciatoie... un vero manuale pratico

Si legge tutto d'un fiato e fa davvero aprire la mente.

Eccezionale il capitolo che tratta le 6 abitudini di successo prima di andare a dormire; da quando l'ho letto, sono 3 giorni che anche la notte diventa un momento super produttivo.

Lo consiglio vivamente a tutte le persone che non riescono a raggiungere i risultati che vogliono, ma che pensano di non avere abbastanza tempo a disposizione.

Enrico Sorrentino - enlolen1@hotmail.com

Ricco di spunti reali e applicabili in tutti i settori

Si legge facilmente e non contiene termini da "saputelli", ottimo per chi è la prima volta che affronta questo argomento.

Lo consiglio a tutti coloro che vogliono imparare in tempi brevi a come gestire il proprio tempo senza sprecare tempo in altre letture.

Claudio Mosna - claudio.mosna@tiscali.it

Abbandonare le cattive abitudini e diventare produttivi è possibile

L'utilità di questo libro è duplice, in quanto permette di rendersi conto di come viene impiegato il proprio tempo (spesso male) e quali sono le attività realmente importanti da fare per realizzare la propria idea e raggiungere i propri obiettivi.

Consiglio questo libro a chi ha intenzione di avviare un'impresa, a imprenditori e liberi professionisti.

Francesco Campa - francesco.campa@gmail.com

www.ingramcontent.com/pod-product-compliance
Lightning Source LLC
Chambersburg PA
CBHW070315190526
45169CB00005B/1633